# Geocaching - Handbuch

Thomas Sadewasser

# Geocaching - Handbuch

## Suchen und Verstecken mit

## GPS - Unterstützung

Thomas Sadewasser

**Impressum**

**Sadewasser, Thomas**

Geocaching - Handbuch;
Suchen und Verstecken mit GPS - Unterstützung
Thomas Sadewasser
1. Auflage, 2004
Sachbuch

**Eigenverlag Thomas Sadewasser**

Thomas Sadewasser
Berlin

**Umschlag, Konzept, Design, Layout, Fotos:**

Thomas Sadewasser
(6 Fotos GARMIN, 1 Foto Magellan, 1 Foto Jon Stanley,
1 Foto USA Geocoin, 2 Abb. geocaching.com, 1 Foto Balla & Silly,
1 Abb. navicache.com, Rest Verfasser)

**Satz:**

Thomas Sadewasser
Berlin

**Herstellung und Verlag:**

Books on Demand GmbH
Gutenbergring 53
D-22848 Norderstedt

**ISBN: 3 - 8334 - 1540 - 1**

*Für mehr soziale Kompetenz.*

# Inhaltsverzeichnis

**Sicherheitshinweise:**

Der Verfasser übernimmt keine Garantie für Bautipps und technische Veränderungen an Geräten und Zubehör. Eingriffe an Geräten und die Umsetzung von Tipps aus diesem Buch können gegen geltendes Recht verstoßen.
Alle Maßnahmen müssen auf die Übereinstimmung der aktuellen Gesetzeslage geprüft werden. Die geltenden Naturschutzgesetzte sind ebenfalls einzuhalten. Die Hinweise in diesem Buch können unvollständig und unter Umständen fehlerhaft sein. Die Umsetzung von Tipps aus diesem Buch erfolgt grundsätzlich auf eigene Gefahr. Es können keine rechtlichen Belange gegen den Verfasser geltend gemacht werden.

## Vorwort

Nachdem mein erster kleiner Ratgeber für Geocaching-Anfänger erschienen ist, möchte ich eine erweiterte Auflage folgen lassen. Das Interesse an Geocaching ist weiterhin ungebrochen groß.

In diesem Büchlein wird das Geocaching nicht nur erklärt, sondern es werden Hilfestellungen für die praktische Umsetzung des Cacheversteckens gegeben.

Wiederum Dank an die Geocacher aus dem Raum Berlin! Sie haben mich auch bei der Erstellung dieses Buches unterstützt.

Einen besonderen Dank an:

Balla & Silly (Paperless Geocaching),
Peter Bagdons (Geocaching mit dem Fahrrad),
Nicola Straub (www.geocaching.de),
GARMIN (www.garmin.de),
Magellan (www.magellangps.com),
Jon Stanley (Moun10Bike GeoCoin)

für weitergehende Informationen und die Unterstützung zu bestimmten Abschnitten in diesem Büchlein.

Auch die vielen Emails haben mir sehr geholfen.

Ich wünsche allen interessierten Lesern viel Spaß bei dieser Lektüre. Allen Geocachern wünsche ich erlebnisreiche Stunden beim Suchen der Caches. Auch das Verstecken macht Spaß. Probiert es einfach aus!

Thomas Sadewasser
Berlin 2004

## Was ist Geocaching?

Ganz einfach: Ein spannendes und unterhaltsames Hobby, welches meist in freier Natur ausgeübt wird und Jung und Alt begeistern kann. Ob allein oder mit der ganzen Familie, jeder kommt auf seine Kosten.
Geocaching ist eine Form der modernen Schnitzeljagd. Wer aus dem Amateurfunk kommt, kann es auch mit einer Fuchsjagd (hier wird natürlich kein lebender Fuchs gejagt) vergleichen.
Jemand versteckt einen kleinen Behälter mit Tauschkram an einem möglichst unauffälligen Ort und notiert sich mittels GPS-Gerät die Koordinaten des Versteckes. Die Koordinaten und eine Beschreibung des Versteckes werden dann im Internet für andere Geocacher veröffentlicht. Nun kann die Suche nach dem versteckten "Schatz" beginnen. Dazu benötigt man wiederum in den meisten Fällen ein GPS-Gerät, um zu den Koordinaten zu gelangen. Viele lustige und schwierige Aufgaben würzen das Spiel zusätzlich. Aber der Reihe nach.

*Begegnungen beim Geocaching*

## Die Geschichte des Geocaching

Geocaching ist, wie vieles andere, aus den USA auf den Kontinent Europa herübergeschwappt.
Der Beginn des Geocaching ist auf einen Mann aus Portland im Staat Oregon, USA, zurückzuführen. Und dies nicht vor allzu langer Zeit. Am 1. Mai 2000 wurde von der Regierung Clinton die künstliche Verschlechterung des GPS-Signales für zivile Zwecke (Selective Availability - SA) ausgeschaltet. Seitdem können alle Nutzer das unverfälschte Signal empfangen, was eine bedeutend verbesserte Genauigkeit darstellt. Dies nahm dieser Mann zum Anlass, einen Behälter mit allerlei Krimskrams am 3. Mai 2000 in der Nähe von Portland zu verstecken. Die Koordinaten des Verstecks postete er in einer Newsgroup und bis am 6. Mai 2000 wurde der Cache zweimal gefunden und einmal im Logbuch auch niedergeschrieben. Mike Teague war der Erste, der den Cache fand und der ein Website erstellte, auf der die Daten des Caches niedergeschrieben wurden. Das war die Geburtsstunde des Geocaching.

Einen Monat später fand Jeremy Irish die Website von Mike Teague. Daraufhin ging Jeremy los und suchte nach Mikes Angaben seinen ersten Cache außerhalb von Seattle, von wo er kam. Er schlug Mike Teague vor, die Website neu zu designen und den Namen "Geocaching" zu benutzen. Am 6. September 2000 übergab Mike Teague dann Jeremy offiziell die Geocaching-Site. Diese wurde bis heute weiter ausgebaut, so dass es einfach ist, Caches zu finden und zu verwalten. Mit dem gewaltigen Zuwachs hatten jedoch beide nicht gerechnet.

## Entwicklung des Geocaching in Deutschland

Natürlich blieb die Entwicklung des Geocaching in Deutschland nicht unbeachtet. Auch hier hat sich mittlerweile eine riesige Fangemeinde rund um das Geocachen gebildet. Vor allem die Entwickler der Seite www.geocaching.de unterstützen durch ihre Informationen die Weiterverbreitung dieses Hobbys. Die Medien haben Interesse gezeigt und ein ideales Hobby für die ganze Familie im Geocaching erkannt.

## Wo geht es hin?

Die Entwicklung des Geocaching wird spannend bleiben. In einigen Ländern sind die Aktivitäten sehr stark. In Deutschland sind die verschiedenen Regionen unterschiedlich weit. Es ist interessant, die Verteilung der Caches auf der interaktiven Karte unter www.geocaching.de zu verfolgen. Man kann sehr gut die Entwicklung der Cache beobachten. Es bleibt abzuwarten, was aus dem Geocaching in Deutschland wird und welche Spezialisierungen oder Änderungen folgen werden. Solange es Spaß macht, werden immer einige am Ball bleiben. Vielleicht wird Geocachen ja zu einem weitverbreiteten und beliebten Hobby in Deutschland. Es sieht schon danach aus.
Die Entwicklung bei den GPS-Geräten bleibt nicht stehen. Eines Tages wird jede Uhr oder jedes Telefon mit GPS ausgerüstet sein. Dann wird dieses Hobby sicherlich auf eine andere Art und Weise ausgeführt werden. Die Entwickler der Geräte haben die Geocacher bereits als Zielgruppe erkannt und integrieren entsprechende Anwendungen. Es bleibt also spannend.

## Was braucht man zum Geocaching?

Im Kapitel "Ausrüstung für das Geocaching" werden die notwendigen Dinge wie GPS-Gerät, Karte und Kompass sowie Sonderausrüstungen vorgestellt. Geocaching kann schon mit geringen Mitteln betrieben werden. Als Minimalvariante genügt ein sehr einfaches GPS-Gerät und die Möglichkeit, das Internet zu nutzen, und schon kann es losgehen.
Typische Ausrüstungsgegenstände für Geocacher sind z.B.:

- GPS-Handgerät mit Ersatzakku
- topografisches Kartenmaterial 1:50
- Kompass
- wenn erforderlich, eine Grabehilfe oder einen Klappspaten
- möglichst eine Digitalkamera mit Ersatzakku

- Wanderkleidung (feste Schuhe, luftige Kleidung)
- Regenschutz
- Proviant

Wer keinen eigenen Internetanschluss hat, kann auch ein Internetcafe oder den Anschluss in der Firma nutzen (wenn erlaubt).

# Ausrüstung für das Geocaching

## GPS - Geräte

Ohne GPS-Geräte wäre Geocaching nicht entstanden. Das GPS-Gerät zeigt uns den Weg zum Versteck. Doch was ist ein GPS-Gerät überhaupt?
Ein GPS-Gerät nutzt Satellitensignale um den aktuellen Standort, an dem sich das Gerät befindet, zu berechnen. Dies ist die einfachste Anwendung. Die Geräte werden jedoch immer komplexer, so dass die Aufgaben der GPS-Geräte weit über die anfängliche Standortermittlung hinausgehen. Heute werden GPS-Geräte zur Land-, Luft- und Wassernavigation eingesetzt. Autoroutingfunktionen, Tripcomputer, Datenbanken, Spiele, Kalender, Rechner, Wecker und viele andere Anwendungen sind bereits in kleinste Geräte eingebaut. Ob sie alle sinnvoll sind, sei dahingestellt. Sie erleichtern jedoch in vielen Fällen die Navigationsaufgaben gewaltig. Nur eines sollte man nie vergessen: Elektronische Geräte können ausfallen. Papierkarten und ein Kompass müssen immer als Rückfallebene vorhanden sein.

### Funktionsweise der Satellitennavigation

An dieser Stelle soll das Satellitennavigationssystem nicht ausführlich erklärt werden. Dazu gibt es bereits umfangreiche Ausführungen in anderen Publikationen rund um den Umgang mit GPS-Geräten.
Das Global Positioning System (GPS) wird vom Verteidigungsmi-

nisterium der USA betrieben und ist ein satellitengestütztes weltweites Navigationssystem. Anfänglich nur für das Militär entwickelt, setzte im Laufe der Zeit immer mehr eine zivile Nutzung ein. Die zivilen Nutzer wie Schifffahrt, Luftfahrt, Straßenverkehr, können die Signale der Militärsatelliten nutzen, haben aber kein Recht auf uneingeschränkte Nutzung. Das heißt, dass im Falle einer militärischen Notwendigkeit (was auch immer das bedeuten mag) das System verfälscht oder ganz abgeschaltet werden kann. Dies ist aber ein sehr theoretischer Fall, da viele öffentliche Bereiche ohne GPS nur eingeschränkt funktionieren.
Zur Zeit besteht das System aus ca. 24 Satelliten, welche in einer Höhe von 20 Tkm um die Erde kreisen und Signale aussenden. Diese Signale werden von einem GPS-Gerät empfangen und berechnen dann die Position. Die Satelliten sind über die gesamte Erde verteilt, damit jeder Nutzer immer einige Satelliten "sehen" kann, denn für eine genaue Berechnung der Position sind mindestens 3, besser 4 Satelliten im Minimum notwendig. Die Berechnung im GPS-Gerät erfolgt durch die Messung der Entfernung zum Satelliten. Dies ist möglich, da der Satellit seine genaue Position und die Atomzeit mit dem Signal aussendet. Durch die Laufzeit des Signals kann der GPS-Empfänger nun errechnen, wie weit er vom Satelliten entfern ist. Hat der GPS-Empfänger 3 bis 4 Satelliten berechnet, kann er durch die Schnittpunkte der Entfernungslinien den eigenen Standort ermitteln (stark vereinfacht). Die relativ große Anzahl der zu empfangenen Satelliten ist notwendig, um die internen Fehler des GPS-Gerätes zu minimieren. Der GPS-Empfänger ist also nichts weiter als ein kleiner Signalempfänger mit angeschlossenem Rechner.

Da die Entfernungen sehr groß und die Zeiten sehr klein sind zum Berechnen des Standortes, werden sehr genaue Zeitangaben vom Satelliten erwartet. Dieser ist deshalb mit mehreren Atomuhren ausgestattet. Der GPS-Empfänger muss sehr exakt messen und schnell berechnen können. In den GPS-Geräten kann natürlich nur eine Quarzuhr eingebaut sein. Etwas Anderes würden den Kostenrahmen sprengen. Die Quarzuhr kann jedoch keine sehr genauen Zeiten liefern. Warum keine genauen Zeiten? Ein Signal vom Satelliten zur Erde benötigt bei angenommener Lichtgeschwindigkeit etwa 8 Hundertstel einer Sekunde. In einem Hundertstel

einer Sekunde legt das Signal etwa 3000 Kilometer zurück. Erst bei einem Millionstel einer Sekunde kommt die Genauigkeit in den Bereich von 300 Metern. Die interne Quarzuhr kann solch genaue Zeiten nicht liefern, daher werden mehrere Satelliten berechnet und der Fehler dadurch so weit verkleinert, dass wir die Position auf etwa 5 bis 10 Meter Genauigkeit erhalten.
Die neue Generation GPS-Geräte empfängt und berechnet bis zu 12 Satelliten gleichzeitig. Dadurch ist eine schnelle Standortermittlung und eine genauere Geschwindigkeitsmessung möglich geworden.
Eine sehr schöne und umfangreiche Beschreibung des Funktionsprinzips der Satellitenortung findet man auf der privaten Internetseite von Ralf Schönfeld. Diese Seite ist unter
*http://kanadier.gps-info.de*
zu finden.

## GPS-Geräte für das Geocaching

Für das Geocaching sind vor allem die kleinen GPS-Geräte besonders gut geeignet. Die Caches befinden sich oft abseits von Straßen und Wegen, so dass das Gerät mit Akkus oder Batterien betrieben werden muss. Da eine Suche auch etwas länger dauern kann, sollte der GPS-Empfänger leicht und handlich sein und doch eine gute Ablesbarkeit gewährleisten. Einbaugeräte scheiden also von Anfang an aus. Minimal reicht die Anzeige der Position mittels Koordinaten aus. Wegpunkteingabe und eine Richtungsanzeige ist fast in jedem einfachen Gerät integriert.
Wer es komfortabler haben möchte, kann Geräte benutzen, welche auch Kartenmaterial beinhalten und weitere Funktionen zum schnellen Finden von Caches besitzen. Dazu gehören Funktionen wie Routeneingaben, Entfernungsanzeigen, Kompassrosen, Höhendarstellung, verschiedene Kartendarstellungen, verschiedene Berechnungsmodi, Trackaufzeichnung und vieles mehr. Die Funktionsvielfalt nimmt immer mehr zu. Oft ist aber das Einfache ausreichend. In den folgenden Kategorien werden verschiedene GPS-Geräte vorgestellt. Nachfolgend werden die Serien Etrex und GPS III bis GPSMAP 60 von Garmin genauer betrachtet, da sie weit verbreitet sind.

**Einfache GPS-Geräte**

- Garmin Geko 101, 102, 201 und 301
- Garmin GPS 12, 12XL, 72, 76, GPS II+
- Garmin Etrex, Etrex Camo, Venture
- Magellan GPS 310, 315, 320
- Magellan SP24, SP 24XC
- Magellan SporTrak

**Erweiterte GPS-Geräte**

- Garmin Etrex Summit (Kompass, Höhenmesser)

**GPS-Geräte mit Kartenfunktion**

- Garmin eMap
- Garmin Etrex Legend, Vista
- Garmin GPS 12 MAP
- Garmin GPSMAP 76, 76S
- Garmin GPS III bis III+
- Garmin 176 und 176C (bedingt)
- Magellan GPS Map 320, 330, 330M
- Magellan Meridian GPS, Gold, Marine, Platinum, Color
- Magellan SporTrak Map
- Magellan SporTrak Pro
- Magellan SporTrak Pro Marine
- Alan Map 500

**GPS-Geräte mit Straßennavigation**

- Garmin GPS V deluxe
- Garmin NavTalk GSM (inkl. Telefon)
- Garmin GPSMAP 60C und CS
- Garmin Street Pilot III deluxe (bedingt)
- Garmin StreetPilot 2610-512 (bedingt)
- Garmin StreetPilot 2650-512 (bedingt)
- Garmin 276C und CS (bedingt)

**GPS-Geräte für Palmtops**

- Magellan GPS Companion (Palm, Tungsten, Visor)

- Garmin iQue 3600
- Navman GPS Serie (Palm, Tungsten)
- Navman CF-Card Serie (HP, Casio, Toshiba)
- Navman CF-Card Serie (iPAQ)
- Navman BT GPS (Bluetooth-Serie)
- Bluetooth/CF verschiedene Hersteller

**Etrex - Serie von Garmin**

Die Etrex-Serie von Garmin eignet sich sehr gut für Wanderer und Fahrradfahrer. Die Geräte sind klein, leicht und einfach zu bedienen. Einziger Nachteil ist das relativ kleine Display, welches manchmal schwer abzulesen ist. Die verschiedenen Modelle dieser Serie lassen keine Wünsche offen. Angefangen beim einfachsten Modell, dem Etrex in auffälligem Gelb. Es ist, wie alle Etrex-Modelle, spritzwassergeschützt und arbeitet mit Mignonzellen. Es ist ein 12-Kanal-Empfänger mit Wegpunkt-, Routen- und TrackBack-Funktion. Ausgestattet mit PC-Anbindung und Reisecomputerfunktionen, kann man damit schon ordentlich arbeiten. Der Straßenpreis lag 2003/2004 zwischen 140 und 180 Euro (empfohlener Verkaufspreis bei 229 Euro).

*GPS-Gerät Garmin Etrex Vista*

Im hochpreisigen Bereich rangiert der Etrex Vista mit vielen komfortablen Funktionen. Die Bauform ist identisch, die Nutzungsdauer mit einem Batteriesatz allerdings nicht. Viel Komfort will bezahlt werden, auch mit Energie! Der Vista verbraucht mit seinen Sonderfunktionen wie Höhenmesser und Kompass besonders viel Energie. Sinnvoll ist es, diese Funktionen nur bei Bedarf einzuschalten. Die Möglichkeit, mit dem Vista Kartenmaterial mit großer Detailtiefe einzuspeichern, ist für die Straßennavigation vorteilhaft.

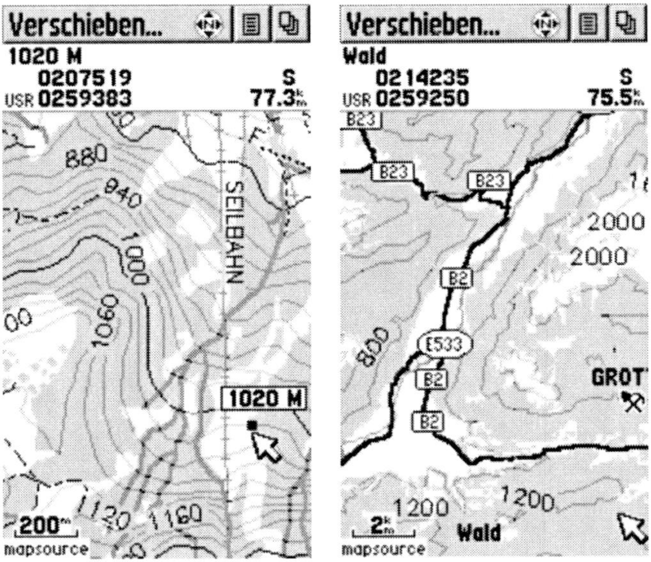


*Topografische Karten auf Etrex Vista*

Mitten im Wald gibt es dann allerdings auch keine eingezeichneten Wege mehr. Leider sind topografische Karten für Deutschland noch nicht komplett erhältlich. Für den süddeutschen Bereich gibt es jedoch bereits eine topografische Karte im Maßstab 1:25.000. Ganz Deutschland soll 2004 folgen. Die Kartenfunktionen helfen bei der Anfahrt mit dem Auto oder Motorrad sehr. Auch die größeren offiziellen Feld- und Waldwege sind im aktuellen Straßenkarten-

material vorhanden. Man kann seine Routenplanung bequem am PC erledigen und die Routen in das Vista übertragen. Das Vista ersetzt aber keine echte Straßennavigation. Aber eine einfache Straßenkarte reicht natürlich auch.
Mit sinnvollem Zubehör wie 12-V-Adapter, Armaturenbrett- und Lenkerhalter kann das Vista auch im Auto, am Motorrad oder Fahrrad genutzt werden. Im 12-V-Adapter befindet sich ein elektronischer Wandler, welcher die 12 Volt aus dem Akku des Fahrzeuges auf 3 Volt transformiert. Ein direkter Anschluss ist also nicht möglich und würde das Gerät zerstören. Die Adapter sind empfindlich gegenüber Vibrationen. Dies sollte bei der Montage am Motorrad beachtet werden.
Externe Antennen können nicht angeschlossen werden. Die Empfangsqualität ist jedoch im Auto hinter der Frontscheibe und am Lenker ausreichend. Als letzte Möglichkeit kann man eine aktive Antenne verwenden, welche das außerhalb des Autos empfangene Signal innerhalb des Autos in der Nähe des Gerätes wieder abstrahlt.

**GPS II, III und V von Garmin**

Die GPS-Geräte der Serie II, III und V sind sehr verbreitet. Sie sind sehr gut geeignet für die Montage am Lenker eines Motorrades und stecken auch rauhen Betrieb relativ klaglos weg. Die Vorteile dieser Geräte sind ein externer Antennenanschluss, die Umstellung des Displays auf Quer- und Hochformat und das größere Format des Displays. Die Version V hat zusätzlich noch die Straßennavigation eingebaut, so dass er als Ersatz für einen Festeinbau gelten kann. Es muss dann aber auf Sprachausgabe verzichtet werden.
Seit der Auslieferung des Gerätes Garmin GPS V ist auch der Speicher größer geworden. Die 19 MB sind nun für die Feindaten sinnvoller nutzbar. Es bleibt trotzdem ein Rätsel, warum die Geräte nicht mit mehr Speicher ausgerüstet werden. Andere Hersteller machen es vor. Vorteilhaft sind auswechselbare Speicher.
Für das Geocaching sind diese Geräte gut geeignet. Je nach Bedarf kann man das Display auf Quer- oder Hochformat umschalten und dadurch der jeweiligen Situation anpassen. Dieses Merkmal ist bei der Nachfolgegeneration wieder abgeschafft worden.

Für diese Serie kann man im Handel auch sehr unterschiedliche Halterungen erwerben. Selbst für stark vibrierende Einzylinder-Enduros gibt es gute Befestigungsmöglichkeiten. Die Internetseiten des Herstellers www.garmin.com und des deutschen Importeurs www.garmin.de geben über die technischen Besonderheiten Auskunft.

*GPS-Gerät Garmin GPS V*

Das GPS V deluxe ist als Topmodell dieser Serie ideal für das Geocaching. Mit geladener Topokarte braucht man nicht einmal mehr eine Papierkarte in die Hand nehmen.

**Garmin GPSMAP 60C**

Ein neues Highlight der Garmin-GPS-Familie ist sicherlich das GPSMAP 60C. Die Wünsche vieler GPS-Nutzer wurden in diesem Gerät umgesetzt. Das Gerät besitzt ein reflektives Farbdisplay, d.h. bei Sonneneinstrahlung lässt es sich sehr gut ablesen. Die farbliche Darstellung ist besonders beim Kartenmaterial sinnvoll, da so Details besser sichtbar sind und die Unterscheidung von Straßen, Wegen, Bahnlinien, Grenzen usw. eindeutig wird.
Weiterhin wurde der Stromverbrauch deutlich gesenkt. Damit kann

das Gerät gerade bei längeren Outdoortouren sehr gut eingesetzt werden.
Endlich wurde auch an die Geocacher gedacht. Es ist möglich, für gefundene und nicht gefundene Geocaches ein beliebiges Symbol aus der Vorlage anzugeben. Die Suchen-Funktion enthält eine gezielte Suche nach Geocaches, die über das Symbol gesteuert wird. Es werden nun alle Wegpunkte mit dem angegebenen Geocache-Symbol in einer Liste angezeigt. So kann man an beliebigen Orten schnell mal nach den naheliegenden Caches suchen lassen.

*Garmin GPSMAP 60C*

Diese Funktion lässt sich aber auch für beliebige andere Wegpunkte nutzen. Wer speziellen Wegpunkten immer dasselbe Symbol zuweist, kann dann auch gezielt danach suchen. Es muss dieses Symbol dann unter der Geocache-Einstellung angegeben werden und die Suche muss über Geocaches erfolgen.

**Geräte von Magellan**

Die neuen Geräte der SporTrak-Serie sind für das Geocaching ebenfalls erste Wahl.

Die Unterschiede zu den Garmin-Geräten liegen in der Ausstattung, Bedienung und der Software-Anbindung. Entscheidend für die Nutzung sind persönliche Vorlieben. Bei den einschlägigen Händlern kann man die Geräte testen und vorführen lassen. Dies gilt teilweise auch für die dazugehörige Software. Hinsichtlich der Speicherausstattung sind Magellan-Geräte vorteilhafter. Hier können handelsübliche Speicherkarten Verwendung finden.

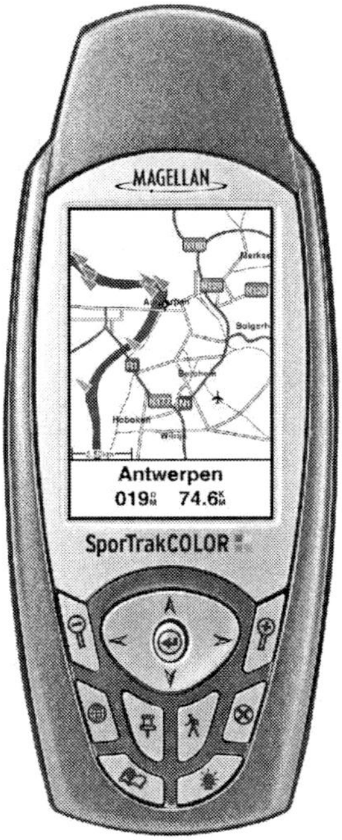


*Magellan SporTrak Color*

**Magellan SporTrak Color**

Magellan hat in Sachen GPS-Handgeräte einiges zu bieten. Im mittleren Bereich hat die SporTrak-Serie als hochwertigstes Gerät das SporTrak Color im Angebot.

Das SporTrak Color verfügt über ein Farbdisplay mit 160x240 Pixel. Die Pixel verteilen sich auf einer Fläche von 3,6x5,3 cm.

Das Gerät verfügt über eine 11MB große geladene Basemap mit einfachen Straßendaten von Europa. Weitere 21MB Speicherplatz können für eigene Daten genutzt werden, wofür die Zusatzsoftware MapSend Europe benötigt wird. Es werden dann die Straßenfeindaten in den restlichen Speicher geladen. Das Gerät verfügt nicht über einen Erweiterungsslot für Zusatzspeicher.

Ein 3-D Fluxgatekompass, ein Barometer und ein eingebautes Thermometer vervollständigen die Ausstattung. Der eingebaute Kompass kann in jeder Position benutzt und muss nicht waagerecht gehalten werden.

**Magellan Meridian Color**

Das High-End-Gerät in der Hand-Geräte-Klasse von Magellan ist zur Zeit das Meridian Color.

Wie das SporTrak Color hat auch das Meridian Color ein Farbdisplay. Dieses ist jedoch reflektiv und daher bei Sonnenlicht gut ablesbar. Es kann 16 Farben darstellen. Als großer Vorteil des Gerätes ist die Erweiterbarkeit mit zusätzlichem Speicher zu nennen. Als Speicherkarten werden SD-Cards (Secure Digital) eingesetzt. Damit können weitere Kartendaten unterwegs problemlos eingesetzt werden.

**Palmtops und Co.**

Der Vollständigkeit halber sollen hier die Kombinationen von Palm und Co. mit GPS-Empfängern genannt werden. Einige schwören sicherlich auf diese Möglichkeit, aber schlagfertige Argumente gegen eine solche Ausstattung gibt es auch. Einige davon sind zu hoher Stromverbrauch, Wasserempfindlichkeit, Softwarefehler in den PDA's, Abstürze, komplizierte Bedienung und einiges mehr. Wirklich outdoorgeeignet sind sie nicht, obwohl die Geräte auch immer wieder im Gelände benutzt werden. Ich habe mehrere Palmtops (Palm, Casio, Sony) getestet und bevorzuge die norma-

len GPS-Handgeräte. Die GPS-Handgeräte wie Etrex, SporTrak oder GPS V sind zuverlässiger, einfacher und schneller zu bedienen. Sie lassen einen auch im Regen nicht im Stich und die Batterien gibt es in vielen Geschäften unterwegs zu kaufen.
Durch eine ständige Weiterentwicklung sind die Kombinationen spürbar besser geworden. Die Ausstattung ist meist sehr gut und der Komfortfaktor durch die umfangreiche Softwareausstattung ist nicht zu unterschätzen. Das Speichern von Karten- und Trackdaten auf den Handhelds ist ebenfalls ein Vorteil. Bleibt nur die Empfindlichkeit und der komplexe Aufbau als Nachteil der Geräte.

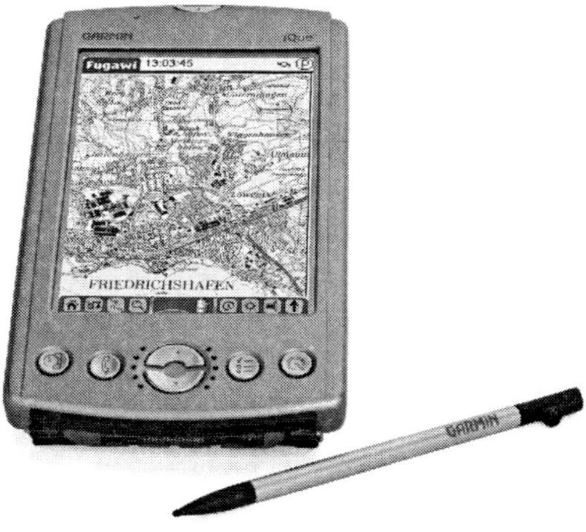


*PDA iQue 3600 von Garmin*

## Kartenmaterial

Für das Geocaching sind vor allem topografische Karten von unschätzbarem Vorteil. Natürlich geht es mit einer normalen Straßenkarte in nicht zu hohem Maßstab auch. Nur die Besonderheiten der Gegend sind darauf nicht zu erkennen.
Bei Straßenkarten sollte der Maßstab unter 1:100.000, besser bei

1:50.000 liegen. Gut geeignet sind auch die Straßenatlanten mit Maßstäben um 1:25.000. Leider sind sie aber auch oft unhandlich und sehr schwer. Nicht amtliche Karten können unter Umständen auch ungenau sein. Ein GPS-Koordinatengitter ist in jedem Fall hilfreich.

### Karten aus Papier

Topografische Karten gibt es in verschiedenen Maßstäben im Fachhandel oder in Outdoorläden zu kaufen. Sehr gut geeignet ist die Topo-50-Serie.
Ebenfalls sehr gut geeignet sind Wander- und Freizeitkarten im Maßstab 1:50.000, wie zum Beispiel die Serie von Kompass. Diese Karten decken sehr große Bereiche von Deutschland ab und bieten oft noch zusätzliche Informationen zu Rad- und Wanderwegen, Ausflugszielen und Naturbesonderheiten.
Auch alle Karten im Maßstab 1:25.000 sind für die Vorbereitung gut geeignet. Unterwegs sollten die Blattformate jedoch nicht so groß sein.

### Elektronische Karten - Top 50

Bei den elektronischen Karten ist die TOP-50-Serie der Landesvermessungsämter zu empfehlen. Diese gibt es für jedes Bundesland. Die Karten auf CD-ROM enthalten eine blattschnittlose Übersicht im Maßstab 1:200.000 und die blattschnittlose Darstellung der Karten im Maßstab 1:50.000. Ebenfalls enthalten ist eine Übersichtskarte der Bundesrepublik Deutschland im Maßstab 1:1.000.000.
Mit der beigefügten Software können einfache Funktionen mit dem Kartenmaterial ausgeführt werden. Es können Punkte und Objekte angelegt, Strecken gemessen, Profile angezeigt, Reliefs dargestellt und vieles andere mehr angezeigt werden. Selbstverständlich zeigt das Programm die genauen Koordinaten an, welche in das jeweilige GPS-Gerät dann übernommen werden können. Ein direkter GPS-Anschluss ist ebenfalls möglich. Damit kann unter anderem die Position am Bildschirm dargestellt werden.
Für das Geocaching kann der interessante Ausschnitt ausgedruckt und mitgenommen werden. Für schlechte Wetterverhältnisse kön-

nen die Drucke einlaminiert werden. Gerade für Gebiete, die man öfter besucht, eine lohnenswerte Angelegenheit.

*CD-ROM Top50 der Vermessungsämter*

Die Vorgehensweise zur Vorbereitung der Cachesuche ist recht einfach. Folgende Abläufe sind praktisch:

- Einstellen des Koordinatensystems (Grad/Min)
- Einstellen des Geodatums (WGS 84)
- Zentrieren auf Koordinate (Cache-Daten)

Danach kann das Gelände um den Cache sondiert werden. Wie lässt er sich am besten anfahren? Wo kann das Fahrzeug geparkt werden? Sind interessante Punkte in der Nähe?
Den nun gefunden Weg zum Cache kann man mit dem Zeichenwerkzeug auf die Karte zeichnen. Wenn man mit dem Cursor auf markante Wegpunkte geht, sind unten rechts die Koordinaten im angegeben Format sichtbar und können im einfachsten Fall einfach abgeschrieben werden. Wegpunkte sollte man immer auf

Kreuzungen der Wege und markante Geländepunkte setzen. Ein Ausdruck des Kartenausschnittes mit dem eingezeichneten Weg erleichtert vor Ort das Navigieren ungemein. Die Wegpunkte werden anschließend in das GPS-Gerät übertragen. Je mehr Wegpunkte eingegeben werden, um so sicherer ist im Gelände die Orientierung. GPS-Geräte mit Kartendarstellung zeigen bei geladenem Feindatenmaterial auch viele kleinere Wege an.

### Ladbare GPS-Karten

GPS-Geräte mit Kartenfunktion unterstützen das Laden von Land- und Seekarten mit vielen Informationen. Die Daten der einzelnen Hersteller unterscheiden sich nicht sehr stark voneinander. Die Handhabung erfolgt über spezielle Ladeprogramme für die jeweiligen Geräte. Die MapSource-Karten von Garmin werden mit dem Programm MapSource, welches zu den Karten mitgeliefert wird, eingelesen. Magellan benutzt die Software MapSend um das eigene Kartenmaterial auf das GPS-Gerät zu übertragen.

### Garmin Mapsource - Karten

Garmin bietet für die Geräte unterschiedliche Kartensätze an. Es wird unterschieden in Karten mit und ohne Routingfunktionalität. Die Karten ohne Routingfunktionalität unterteilen sich für den europäischen Bereich in:

- WorldMap (geringe Datendichte)
- Roads & Recreation (hohe Datendichte)
- MetroGuide (wie R&R, zusätzlich Adressen)
- BlueChart (Seekarten)

Autoroutingfunktionen werden unterstützt von den Kartensätzen:

- CitySelect (GPS V, GPSMAP 60, NavTalk, iQue)
- CityNavigator (Serie StreetPilot)

Des weiteren bietet Garmin seit kurzem die Topografischen Karten für Deutschland an (ab Juli 2004 gesamtes Deutschland). Diese sind für das Geocachen natürlich am besten geeignet.
Trotz der ladbaren GPS-Karten wird die Vorbereitung der Cache-

suche am Papierkartenmaterial erfolgen. Die Papierkarten bieten bedeutend mehr Übersichtlichkeit und sind vor Ort unentbehrlich. Am heimischen PC kann die Vorbereitung natürlich auch am Bildschirm erfolgen. Ein Notebook für die Cachesuche mitzunehmen erscheint mir dann aber doch etwas 'overdressed'.

## Kompass

Für Geocaching-Aktivitäten reicht ein einfacher Kompass aus. Die Ablesegenauigkeit sollte bei ca. einem Grad liegen. Darüber wird es sonst zu ungenau, wenn bei bestimmten Caches Winkelgrade angegeben sind. Es ist zu beachten, dass die Missweisung am Kompass eingestellt oder in den Betrachtungen berücksichtigt wird. Ebenfalls ist zu beachten, dass der Kompass nur magnetisch Nord und nicht die wahre Nordrichtung anzeigt.
Die eingebaute Kompassfunktion in den GPS-Geräten ist ebenfalls verwendbar. Dies betrifft zum Beispiel die Geräte Garmin Etrex Summit , Vista, GPSMAP 60CS und Magellan Meridian. Bei einigen Geräten muss der Kompass vor Ort geeicht werden. Zum Eichen muss nur eine Funktion des Gerätes aufgerufen werden. Die Anzeige der Richtung im normalen GPS-Gerät, welche nur bei Bewegung ab ca. 2 km/h funktioniert, ist nicht als Kompassersatz geeignet. Eine Positionsmessung erfolgt meist nur einmal pro Sekunde und bei geringen Geschwindigkeiten ergibt dies keine genaue Richtungsberechnung.
Als Alternative können Caches mit Winkelgraden auch am heimischen PC zeichnerisch aufgelöst werden. Eine Kontrolle vor Ort ist dann aber nicht möglich, so dass man sich schon sehr sicher sein sollte.
Um Winkel auf einer Karte abzutragen, benötigt man eine Karte mit Längengraden, einen Kompass und ein Geodreieck oder Lineal.
Zuvor sollte der Kompass auf die Missweisung korrigiert werden. Diese Missweisung ist die Abweichung zwischen dem geografischen und magnetischen Nordpol und diese ist auf guten Karten aufgedruckt. Wichtig dabei ist die Jahreszahl der Karte, da sich die Missweisung mit der Zeit ändert. Sollte die Missweisung nicht auf der Karte enthalten sein, sollte man sich über die Abweichung im Internet informieren. Die Missweisung in deutschen Küsten-

bereichen liegt z.B. zwischen 0 und 2 Grad Ost. Wie der Kompass zu korrigieren ist, steht in der jeweiligen Bedienungsanleitung. Wird der Kompass nicht korrigiert, werden diese Abweichungen das Messergebnis verfälschen.
Nun wird die Karte eingenordet. Hierzu einfach den Kompass an einen Längengrad mit der Anlagekante anlegen und die Karte so lange drehen, bis die Kompassnadel exakt auf Nord steht. Anschließend kann durch Drehen des Kompasses die Richtung am Kompass eingestellt werden. Die Karte bleibt dabei in Nord-Süd-Richtung liegen. An der Anlagekante des Kompasses wird nun das Geodreieck angelegt und durch Verschieben des Geodreiecks kann die vorgegebene Richtung durch den gewünschten Punkt gelegt werden.
Das Ermitteln von Richtungen geschieht analog. Nach dem Einnorden der Karte wird das Geodreieck über die beiden Punkte gelegt, aus welchen die Richtung erfasst werden soll und der angelegte Kompass zeigt sofort die entsprechende Gradzahl an.

*Kompass von Recta*

## Wanderausrüstung

Die Anforderungen an die Wanderausrüstung sind nicht sehr hoch. Es reicht eine der Jahreszeit entsprechende Kleidung, ein Rucksack und festes Schuhwerk, welches auch längere Wanderungen schadlos übersteht. Optimal sind natürlich richtige Wanderschuhe und ein Wanderrucksack, welcher nicht als Belastung während

des Wanderns empfunden wird. Mit Blasen an den Füßen und einem krummen Rücken wird das Geocachen auf Dauer keinen Spaß machen. Die Schuhe sollten für den Sommer aus Leder sein. Wanderschuhe mit Goretex oder ähnlichen atmungsaktiven Membranen sind nicht so gut geeignet. Sie atmen nicht so gut wie Lederschuhe. Für kältere Tage sind sie aber zu empfehlen. Der Rucksack sollte ab 30 Litern mit einem Tragesystem und einer Rückenbelüftung ausgerüstet sein.
Geocachen kann man natürlich auch in kurzen Hosen und Sandalen. Es kommt immer darauf an, wo man hin will und wie das Wetter sein wird.

## Sonstige Ausrüstung

Zur weiteren Ausrüstung gehören:

- ein guter Klappspaten
- evtl. ein handliches Messer
- Plastiktüte oder fester Müllbeutel (Ersatz)
- Kugelschreiber/Bleistift
- Krimskrams zum Tauschen
- Ersatzakkus oder Batterien
- Cachebeschreibung mit Bildern

Je nach Vorlieben werden persönliche Gegenstände diese Aufzählung vervollständigen. Beim Klappspaten sollte man nicht sparen, sonst ärgert man sich jedesmal beim Graben.
Für einen Nachtcache benötigt man eine gut funktionierende Taschenlampe und Ersatzbatterien.
Manche Geocacher nehmen auch ihr Notebook mit auf die Suche. Sehr empfehlenswert ist die Mitnahme einer digitalen Kamera. Diese braucht keine hohe Auflösung zu haben, da die im Netz veröffentlichten Bilder sowieso komprimiert werden. Es reicht also schon eine sehr einfache Kameras aus. Auch der Fotomodus von Camcordern ist in den meisten Fällen ausreichend. Die aufgenommenen Bilder können später in die Logs eingefügt werden und lockern die Webseiten immer ein wenig auf. Die Nicknamen sind dann auch nicht mehr so anonym und ein zusätzlicher Hinweis auf

die Umgebung des Caches wird auch oft gegeben. Bilder, welche zusätzliche Tipps für ein vereinfachtes Finden des Caches geben, sollten vermieden werden. Wenn doch etwas verraten werden könnte, so ist auf jeden Fall der Hinweis 'Spoiler' im Bildnamen anzugeben. Damit kann man sich vor dem Ansehen des Bildes entscheiden, ob man es sich einfacher machen will oder ob die ursprünglich gestellte Aufgabe nicht der eigentliche Sinn des Caches ist. Besser ist es, die Bilder mit 'Spoilercharakter' nicht zu veröffentlichen.

## Sonderausrüstung

### Geocaching mit dem Fahrrad

Viele Geocacher verbinden das Hobby Fahrradfahren mit dem Geocachen. Einige legen dabei beachtliche Strecken zurück, um die Caches zu finden. Mit dem Fahrrad kommt man überall schnell hin und braucht keine weiten Strecken zu Fuß zurücklegen. In einem Aktionsradius von bis zu 20 Kilometern sehe ich gegenüber dem Auto einen großen Vorteil.

Das GPS kann man mit einem Touratech-Motorrad-Halter befestigen. Auch eigene einfache Lösungen sind denkbar. Die großen Hersteller bieten ebenfalls Fahrradhalter an.

In der Stadt braucht man große Zeitdifferenzen zwischen dem Fahrrad und anderen Fortbewegungsmitteln nicht zu fürchten. In der Großstadt entfällt auch noch das Parkplatzproblem. Mit den Regional-, S- und U-Bahnen können auch weitere Strecken zurückgelegt werden. Bei entsprechender Planung sind die Caches im Umland von Städten kein Problem. Die Radwege werden immer weiter ausgebaut.

Außerdem verbraucht ein Fahrrad kein Benzin. Man kann also jede Menge Kosten sparen. Mit dem Fahrrad wird fast jeder Cache ein Drive-In.

Wer sein Fahrrad als Trainingsgerät benutzt, kann nun Training und Cache-Suche verbinden. Sogar die Strecken und Geschwindigkeiten sind bei vielen GPS-Geräten nachvollziehbar. Hierbei muss z.B. bei vielen Garmin-Geräten beachtet werden, dass ein Track nicht zwischendurch gespeichert wird. Dann verliert er die

Geschwindigkeits- und Zeitdaten zwischen den Trackpunkten. Die maximale Anzahl der Logpunkte muss zur gewählten Entfernung passen.
Das Fahrrad und Geocachen passen also gut zusammen.
Der einzige Nachteil ist im Wald zu sehen. In unebenem Gelände muss das Fahrrad abgestellt werden, es sei denn, es ist ein Mountainbike. Nicht vergessen, die Koordinaten das Abstellplatzes zu notieren. Sonst dauert die Fahrradsuche danach länger als die Suche nach dem Cache.

## Geocaching mit dem Auto

Geocaching mit dem Auto ist etwas verpönt. So genannte Drive-In-Caches erfreuen sich aber trotzdem großer Beliebtheit, weil sie schnell mal eben 'mitgenommen' werden können. Diese Caches haben dann auch oft eine hohe Trefferquote.
Das Auto wird in sehr vielen Fällen als Anfahrtmittel benutzt. Nicht wenige Caches liegen weitab von öffentlichen Verkehrsmitteln und sind mit dem Fahrrad auch nicht zu erreichen. Die Suche nach dem besten Anfahrtsweg kann also in die Cachesuche integriert werden. Wer kleine Nebenstraßen fährt, wird mehr von der Landschaft sehen, als der Autobahnfahrer. Auch entdeckt man Gegenden, die einem sonst verborgen geblieben wären.
Bei der Anfahrt mit dem Auto spielt der Startplatz zur Cachesuche eine wichtige Rolle. Das Auto sollte nicht die Einfahrten zu Forst- und Wanderwegen zuparken, sondern in Nischen oder auf regulären Parkplätzen abgestellt werden. Abstecher zu interessanten Ausflugszielen oder dem nächsten Badesee lassen sich mit der Cachesuche gut kombinieren. Auf jeden Fall sollte auch der Parkplatz des Autos als Koordinate abgespeichert werden. So kann man unbedenklich Rundwege und/oder unbekannte Strecken im Wald angehen, ohne gleich die Orientierung zu verlieren.
Beliebt ist auch das Geocaching mit Geländewagen. Es versteht sich von selbst, dass nur freigegebene Wege benutzt werden.

## Geocaching mit dem Motorrad

Mit dem Motorrad kann man ebenfalls gut auf Cachesuche gehen. Diese Art der Cachesuche grassiert vor allem unter den

Endurofahrern, welche sich auch abseits der geteerten Straßen auf Schotter und Sand den Weg suchen. In Wald- und Wiesengebieten muss man aber auf die Vorschriften achten und darf nur gekennzeichnete und freigegebene Wege benutzen. Selbstverständlich sollte auf den Schutz der Umwelt geachtet werden. Krach im Wald durch Motorenlärm ist nicht nur schlecht für die Tiere. Auch die Nicht-Motorradfahrer schätzen diesen Lärm nicht sehr. Man sollte also genau abwägen, ob es Sinn macht, den Cache mit einem Motorrad zu suchen. Sollten Pferde den Weg des Endurofahrers kreuzen, ist das Motorrad auszumachen. Pferde reagieren sehr scheu auf das Geknatter der Motoren und der Reiter wird es zu schätzen wissen. Dies sollte man auch beachten, wenn man in ländlichen Gebieten an Gestüten oder Koppeln vorbeifährt. Hier ist weniger Gas mehr.

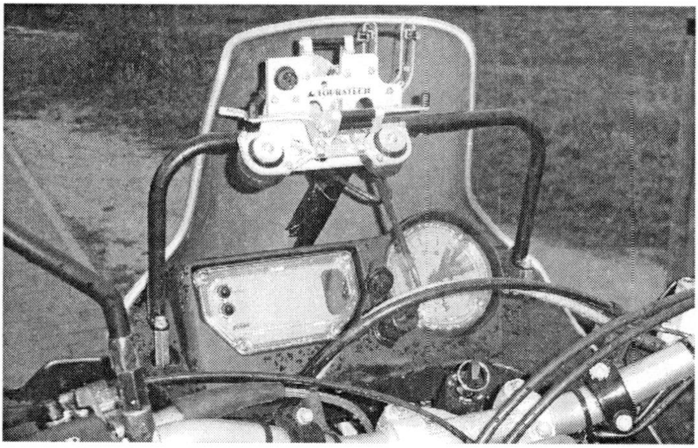

*GPS-Halter von Touratech an KTM Adventure*

Ansonsten spricht natürlich nichts gegen eine zünftige Endurotour. Das GPS-Gerät kann am Lenker oder Roadbookhalter befestigt werden. Der entsprechende Kartenausschnitt wird einfach auf den Tank geklebt oder am Tankrucksack befestigt. Hierbei sind besonders wasserfeste oder einlaminierte Karten von Vorteil.

Für die Befestigung der GPS-Geräte am Motorrad gibt es inzwischen verschiedene Halter zu kaufen. Bei stark vibrierenden Enduromodellen sollten gut gedämpfte Halterungen eingesetzt werden. Ansonsten rütteln sich im Inneren des Gerätes mit der Zeit einige Teile ab und diese müssen teuer ersetzt werden.
Weite Laufstrecken sind mit Endurostiefeln nicht zu empfehlen, hier hilft nur die Mitnahme von Laufschuhen. Sollte das Motorrad abgestellt werden, sollte man sich vorab überlegen, wo man Helm und überflüssige Sachen deponiert. Alles zu tragen wird auf Dauer etwas mühsam. Alles am Motorrad zurücklassen, kann ebenfalls nicht empfohlen werden. Zu groß ist die Gefahr, dass Sachen abhanden kommen.
Da die Cacheauswahl immer größer wird, ist es auch für den Motorradfahrer leichter, sich entsprechende Strecken mit motorradfreundlichen Caches herauszusuchen.

## Geocaching per Boot

Sicherlich sind nicht viele Caches per Boot zu erreichen. Dies könnte sich aber in Zukunft ändern. Vorteilhaft für das Geocachen per Boot sind kleine Kanus, Kajaks oder Schlauchboote. Um Caches per Boot zu erreichen, ist ein Kielboot oder großes Motorboot weniger geeignet, es sei denn, der Cache baumelt an einer Fahrwassertonne. Das ist natürlich verboten und wird sicher auch nicht vorkommen, da solche Caches keine Chance auf eine Veröffentlichung haben.
Die Ausrüstung neben der notwendigen Bootsausrüstung unterscheidet sich nicht. Wichtig ist, dass das Boot bei der Suche ordentlich befestigt oder verankert wird, sonst treibt der Kahn nach der Suche mitten auf dem See oder ist schon ein paar Meilen flussabwärts. Wer Geocaches in Ufernähe verstecken will, sollte daran denken, dass Uferzonen oft Schutzgebiete sind und nicht betreten werden dürfen. Auskunft darüber geben Wasserwanderkarten und auch die meisten Freizeitkarten. Den Cache also lieber etwas vom Ufer entfernt verstecken. Auch sollten Caches immer so versteckt werden, dass ein gefahrloses Ankern oder Befestigen möglich ist und sich der Standort weit genug von Fahrrinnen, Anlegern, Schleusen und ähnlichen Zonen befindet. Badestellen sollten ebenfalls gemieden werden.

*Bootsfahrt zum Cache 'Schwielowsee'*

Reine Bootscaches sind noch sehr selten. Meist sind die Caches auch über Land zu erreichen. Eine Abwechslung ist eine Boots-Cachesuche allemal und man kann sich ja auch zur Not ein Boot leihen. Es gibt vielerorten Kanu- und Ruderboot-Verleihstationen. Auch kleine motorisierte Boote, welche ohne Bootsführerschein gefahren werden können, können ausgeliehen werden.
Eine Herausforderung ist sicherlich ein Unterwasser-Cache. Die Unterwassercaches werden mit dem Boot anzufahren sein. Um einen Unterwassercache zu heben, muss das Boot an der Zielkoordinate so verankert werden, dass es durch Wind und Wellen nicht abtreiben oder sich drehen kann. Es sind also mindestens zwei ausreichend dimensionierte Anker oder Stangen notwendig. Die Vorschriften sind einzuhalten. Das ankernde Boot ist entsprechend zu kennzeichnen, wenn die Pflicht dazu besteht. Ist für das Heben des Caches eine Tauchausrüstung notwendig, so muss auch die Kennzeichnung des Tauchgangs erfolgen. Die Tauchgeräte, Flaschen usw. sind nur von befähigten Personen zu nutzen. Der entsprechende Tauchschein muss vorhanden sein. Bei relativ flachem Wasser reicht auch eine Schnorchelausrüstung, um den

Cache zu suchen. Erfahrung im Tauchen sollte auf jeden Fall vorhanden sein. Wichtig ist auch, dass Tauchgänge nie allein unternommen werden. Hilfreich bei der Suche unter Wasser ist eine starke wasserdichte Lampe. In den Gewässern Deutschlands sind die Sichtweiten meist sehr gering. Einige Seen bilden aber eine Ausnahme. Die Sichtweite ist auch abhängig von der Jahreszeit und dem Schiffsverkehr. In Fließgewässern ist die Sichtweite meist äußerst gering. Es ist hier kaum möglich einen Cache auf Sicht zu verstecken.

## Caches

Es gibt eine Vielzahl von Möglichkeiten einen Cache zu verstecken. Nicht nur die Art eines Caches oder die Größe sind sehr unterschiedlich. Auch die Orte und Zeiten bieten Spielraum für interessante und außergewöhnliche Cacheverstecke. Dabei sollte man die einfachen und schnell zu findenden Caches für zwischendurch aber nicht vergessen. Sie sind oft das schnelle Erfolgserlebnis; gerade für die jungen Geocacher, die noch nicht so viel Geduld bei der Suche haben.

### Cache - Arten

Die Caches unterscheiden sich hinsichtlich ihrer Möglichkeit gefunden zu werden in folgende Cache-Arten:

- Traditionelle Caches
- Multicaches
- Virtuelle Caches
- Letterbox Caches ('Cache-Briefkasten')
- Event Cache (Treffen etc.)
- Webcam Cache
- Mystery oder Puzzle Caches
- Reverse Caches (Locationless)
- Sonstige Caches

Nachfolgend sind die einzelnen Cache-Arten beschrieben.

## Traditionelle Caches

Traditionelle Caches bestehen aus einer Dose oder Schachtel und werden an einem Ort, welcher zu jeder Zeit zugänglich ist, versteckt. Die Verstecke werden im Internet per GPS-Koordinaten angegeben und es werden eventuell noch Bilder für ein besseres Finden auf der Seite veröffentlicht. Diese Art ist sehr verbreitet, stellt sie doch den Ursprung des Geocachings dar.

*Traditioneller Cache 'Waldinsel'*

## Multi - Caches

Ein weitaus aufwendigerer Cache ist der Multicache. Er besteht aus mehreren, in der Anzahl nicht beschränkten, Teilen. Diese werden meist an unterschiedlichen, entweder nah beieinander oder sehr weit entfernten, Stellen versteckt. Meist handelt es sich um kleinere Microcaches und um einen Hauptcache. In den Microcaches findet man oft Angaben zu den Koordinaten des Hauptcaches. Manchmal sind auch Bilder, Schlüssel oder andere Hinweise dort versteckt. Der Hauptcache wiederum ist oftmals ein traditioneller Cache. Mit der Suche nach einem Multicache werden in vielen Fällen auch weitere Aufgaben verbunden sein, so dass es

bei Multicaches nicht immer einfach ist, diese zu finden. In einer weiteren Variante brauchen nicht alle Caches aufgesucht werden, um den Hauptcache zu finden. Es reichen dann schon einige Hinweise aus einem Teil der Caches.
Das Anlegen eines Multicaches ist sehr arbeitsaufwändig und wird meist von erfahrenen Geocachern vorgenommen. Dies sollte aber keinen davon abhalten, es auch einmal zu versuchen. Man kann einfache aber auch sehr komplexe Multicaches anlegen.

**Virtuelle Caches**

Virtuelle oder sogenannte "Couchpotatoe-Caches" sind etwas für kalte Winterabende. Hierzu braucht man nur seinen Kopf und einen Computer. Dies Art lockert die ganze Geocache-Suche etwas auf. Nicht immer kann man durch die Gegend streifen, dann ist es also Zeit für einen virtuellen Cache. Meist stecken einfache, manchmal aber auch recht komplizierte Knobel-, Rechen- oder Wissensaufgaben hinter den Caches. Ausgangspunkt eines virtuellen Caches ist fast immer ein realer Punkt. Dieser Punkt muss ursprünglich mit der gestellten Aufgabe zusammen hängen. Meist können an diesen Punkten keine realen Caches versteckt werden.
Die Regeln laut geocaching.com sagen aus, dass ein Virtueller Cache besucht werden muss. Ohne einen Besuch kann man den Cache nicht loggen. Die real existierenden Caches und deren Logs sprechen aber auch eine andere Sprache, so dass es zu diesem Thema wohl noch einige Zeit unterschiedliche Meinungen geben wird. Ich plädiere dafür, dass es dann wirkliche 'virtuelle' Caches sind und sie dementsprechend auch als Zeitvertreib von zu Hause aus angegangen werden.
Ein reiner "Couchpotatoe-Cache" ist der Cache USO von Toaster. Dieser Cache kann mit Hilfe des Internets gelöst werden - google sei Dank.

**Letterbox Caches (Briefkasten-Cache)**

Die Letterbox Caches sind ein Art Briefkasten.

## Event Caches

Alle Arten von Treffen fallen unter Event-Caches. Sie müssen natürlich mit Geocaching zu tun haben. Entweder werden regionale Treffen oder richtige Cache-Aktions-Events durchgeführt. Auch Meisterschaften laufen unter dem Thema Event. Wer ein Event besucht, darf es auch loggen. Mehr dazu im Teil 'Community'.
Als Eventcache sei an dieser Stelle auf die Treffen der Berliner Cachergemeinde hingewiesen, welche auch die 1. Stadtmeisterschaft angezettelt haben.

## Webcam Caches

Es gibt bereits sehr viele Webcams auf der Welt. Jetzt ist es möglich, eine Webcam zu einem Cache zu machen.

*Webcamaufnahme in Norwegen (von Berlin aus aufgenommen)*

Die Cacher müssen sich von der Webcam ablichten lassen und können dann mit dem Beweisfoto diesen Cache loggen. Wie die Umsetzung erfolgt, bleibt der Kreativität des Cachers überlassen. Entweder hilft ein Freund oder hilfsbereiter Arbeitskollege im richtigen Moment, das Bild mit dem Cacher auf dem Webcam-Aus-

schnitt abzuspeichern, oder man bewaffnet sich mit Handy, WAP und Laptop und schießt selbst ein Bild von sich. Manche Webcams belichten auch nur zu bestimmten Zeiten und man schafft es eventuell zum nächsten Internetcafe oder WAN-Point. Vielleicht werden aber auch die Bilder der Webcam archiviert und man erkennt sich wieder.
Nicht an einem Cache, aber an einer weit entfernten Stelle habe ich dies mal mit einem Freund praktiziert. Dieser fuhr nach Norwegen und rief mich aus dem Urlaub plötzlich an. Er stand vor einer Webcam in Tynset, die wir beide kannten. Ich ging ins Netz und rief ihn zurück. Die Webcam aktualisierte die Bilder fortlaufend, so dass ich sogar Anweisungen zum posieren geben konnte. Auf dem Bild sieht man das Ergebnis.
Als besonders schwieriges Beispiel für einen Webcache kann man den Cache Muffcam von hal9000 heranziehen. Hier müssen nicht nur ein eigenes Bild der Webcam erstellt , sondern noch weitere zehn Aufgaben gelöst werden.

## Sonderarten des Caches

Die einfachen Caches waren für viele irgendwann "zu einfach". Es musste eine Steigerung her. Um die Suche schwieriger werden zu lassen, sind viele Mittel eingesetzt worden. Die Caches wurden durch Rätsel und Mathematikaufgaben erweitert oder gleich gänzlich an unzugänglichere Orte gebracht. Manche sind nur im Schein der Taschenlampe mitten in der Nacht zu erkennen, und für einige Caches braucht man eine Bergsteigerausrüstung. Wer nicht tauchen kann, wird manchen Cache auch nie finden.

### Rätsel-Caches

Viele traditionelle Caches werden mit einer Aufgabe versehen, welche das Finden erschwert. Um an die Koordinaten zu kommen, werden meist Knobelaufgaben der verschiedensten Art vorangestellt.
Dabei können die Rätsel recht unterschiedlicher Art sein. Ich möchte einige Beispiele folgen lassen.

Cache Signale von BlackyV (Multicache):

In diesem Cache wurde eine Audiodatei bereitgestellt, welche es zu entschlüsseln galt. Die Datei enthält Morsezeichen und gesprochenen Text. Die Morsezeichen und die Sprache können nur durch Beeinflussung in diversen Audioprogrammen oder entsprechenden Tongeräten entschlüsselt werden. Durch die Entschlüsselung kann man die erste Koordinate des Multicaches herausfinden.

Quizcache 1 von TrakBack:
Für diesen Cache sind verschiedene Quizfragen in unterschiedlichen Leveln zu beantworten. Wenn man die Fragen richtig beantwortet, erlangt man einen neuen Level und kann einen Cache aus dem neuen Level finden. Gibt man falsche Antworten, findet man Caches im gleichen Level. Insgesamt sind neun Caches und ein Hauptcache versteckt. Man muss die drei Level bewältigen, um den Hauptcache zu finden, also ähnlich einem Computerspiel.

Cache GBRC von schwaninger:
In diesem Multicache muss erst ein Kreuzworträtsel in dem Vorcache gelöst werden. Mit bestimmten Feldern aus dem Kreuzworträtsel gelangt man zur Koordinate des Hauptcaches.

Cache Ottilie bei Horb vom Nox Fräse-Team:
Für diesen Cache muss man zwei Papierscheiben drucken und ausschneiden. An einem Punkt mitten in der Altstadt von Horb legt man die Papierscheiben übereinander und dreht sie solange, bis zwei bestimmte Symbole erscheinen, die genau an dieser Stelle vorhanden sind. Der nächste Wegpunkt ergibt sich aus diesem Ergebnis.

Cache Poolbillard - Quizcache 2(1) von TrakBack:
Hier muss eine Rätselaufgabe mit Billardkugeln gelöst werden. Das Interessante daran ist, dass dies über ein Java-Applet erfolgen kann.

**Mathe-Caches**

Wie bei den Rätsel-Caches geht es darum, durch eine Aufgabe die Cache-Suche zu erschweren oder interessanter werden zu lassen. Die Matheaufgaben für die Cachesuche sind oft ziemlich

schwer und anspruchsvoll. Meist gibt es aber verschiedene Lösungen.
Ein schwieriger Mathecache ist 'Der Kaisers Hofmathematiker' von Vinnie and nici. Viel Spaß beim Rechnen!

**Caches für besondere Ausrüstung**
Zu dieser Art gehören Caches, welche nur mit einer besonderen Ausrüstung erreicht werden können. Dazu zählen z.B. Caches, welche nur gefunden werden können mit

- Kletterausrüstung,
- Booten,
- Skiausrüstung oder
- Tauchausrüstung
- Funkausrüstung,
- Metalldetektoren.

Die Steigerung der Caches für besondere Ausrüstung ist z.B. der Cache Nightclimber von Gissmo. Dieser Cache muss nachts erklettert werden! Im März 2004 hatte er immerhin schon 16 Logs. Ein weiterer Cache in diese Richtung ist der Bridge over troubled water von Jean la bete. Diesen Cache erreicht man nur per Boot und Kletterausrüstung. Ein paar findige Jungs haben eine Lösung gefunden. Viele Logs gibt es noch nicht.

**Nacht-Caches**
Einen Nachtcache kann man nur im Dunkeln suchen. Für die Nachtcachesuche werden Taschenlampen benötigt. Mittels Leuchtfolie, Blinklichtern oder aktiven Lichtern sind die Wege zum Cache oder der Cache selbst gekennzeichnet. Als Koordinate gibt es meist nur einen Startpunkt. Mit Leuchtfolie beklebte Mikrocaches (Filmrollen) werden manchmal unzugänglich in Bäumen versteckt und kennzeichnen Weggabelungen. Diese sind am Tage nur sehr schwer zu entdecken. Blinklichter oder aktive Lichter aktivieren sich durch eine Lichtsensorschaltung erst in der Nacht nach dem Anstrahlen durch eine starke Taschenlampe und weisen dann für eine kurze Zeit den Weg. Andere Sensorlichter aktivieren sich dauerhaft in der Dunkelheit und setzen Positionsmarken. Durch klei-

ne LED mit wenig Stromverbrauch und entsprechenden Schaltungen lassen sich die unterschiedlichsten Szenarien aufbauen. Natürlich müssen solche Caches regelmäßig kontrolliert und gewartet werden. Oft sind es auch kombinierte Rätsel-Multi-Caches, um den Aufwand bei der Installation des Caches durch eine entsprechend lange Suche zu "belohnen". Auch der Inhalt der Tauschbehälter ist oft interessanter.

**Funk-Caches (Radiocaches)**
Die Wirklichkeit hat mich überholt. Im Einführungsbüchlein habe ich so einen Cache als Beispiel vorgeschlagen. Dabei hat er zu diesem Zeitpunkt bereits existiert!
Der erste Radiocache in Deutschland, Cave Lodge von ZFX, kann normal oder per Funkpeilung gefunden werden. Als Geräte kommen hier Funkgeräte, LPD und sogar Babyphone in Frage. Eine lustig umgesetzte Idee. Der Cache hat ein spannendes Finale und ist anscheinend sehr beliebt. Man sollte nur keine Angst vor Spinnen haben ;-)

**Kletter-Caches**
Die Klettercaches erfreuen sich anscheinend großer Beliebtheit. Es gibt bereits in mehreren Bundesländern Caches dieser Art. Beim Aufsuchen von Klettercaches ist natürlich der Umgang mit der Kletterausrüstung Voraussetzung. Sicherheit geht vor!

**Sonstige besondere Caches**
Die Palette der besonderen Caches kann beliebig erweitert werden. Die Fantasie der Geocacher ist hier gefragt. Die Gruppe der Finder wird naturgemäß sehr klein sein. Um so spezieller der Cache ist, um so weniger Cacher werden ihn finden. Vielleicht werden irgendwann ganz exotische Caches versteckt werden. An Ideen wird es nicht mangeln, eher an der technischen Umsetzung bzw. am Aufwand, den Cache zu installieren.
Beispiele für neue (oder alte) Ideen:

- "öffentlicher" Cache in einer Behörde ;-)
- Buchcache (Logbuch, versteckt in einer Bibliothek)
- Schließfach-Cache ;-)

- Wandercache (Ort veränderlich, z.B. nur an Leuchttürmen)
- Postcache (verschlossene Geldkassette versenden; Schlüssel suchen)
- Supermikrocache (kl. Speicherchipkarte; Inhalt einlesen/loggen)
- Fernsteuercache (nur mit Funkfernsteuerung zu finden)
- Autocache (regelmäßige Fahrstrecke und Kennzeichen werden geloggt)
- CD-Cache (Code auf CD enthält richtige Koordinate zum Hauptcache)

Das nur als kleine Anregung. Aber Achtung, nicht einfach loslegen. Viele Dinge könnten verboten sein!

## Die Größe des Caches

Die Größe des Caches richtet sich nach den Vorlieben des Geocachers, nach der Cacheart und nach den Möglichkeiten der Location, dem Ort des Versteckens. Es haben sich einige Richtgrößen im Laufe der Zeit etabliert. Dazu gehören der Microcache, der Regular Cache und der Large Cache. Natürlich gibt es noch andere Formen, diese werden dann besonders beschrieben.

### Microcache

Ein Microcache ist eine 35mm-Filmbox von einem Negativ- oder Diafilm. Er ist sehr klein und kann dementsprechend nur sehr kleine Gegenstände und ein Minilogbuch aufnehmen. Dafür kann der Microcache auch in sehr kleinen Verstecken platziert werden. Auch stark frequentierte Orte können als Location in Frage kommen, denn der Cache kann schnell entnommen und wieder versteckt werden, ohne dass Passanten etwas davon bemerken.
Microcaches sind auch oft Teil von Multicaches, welche weitere Hinweise zum Hauptcache enthalten.
Doch sollte man mit dem Platzieren von Microcaches sparsam umgehen, denn sie sind nicht bei allen Cachern beliebt.

## Regular Cache

Dies ist der wohl am meisten versteckte Cache. Die Größen sind dementsprechend unterschiedlich und rangieren irgendwo zwischen kleiner Tupperbüchse, mittlerer Keksdose und kleinerer Blechkiste. Oft werden mittelgroße Tupperbehälter als Cache benutzt. Sie lassen sich noch halbwegs gut im Gelände unter Steinen, Baumstämmen, kleinen Vorsprüngen oder alten Fundamenten verstecken, ohne große Grabungen anzufangen oder halbe Häuser zu unterhöhlen.

*Regular Cache 'Little Steinhuder Meer'*

Der Cache sollte auf jeden Fall mittels Plastiktüten, besser feste Müllbeutel, vor Wasser geschützt werden. Gerade Keksdosen neigen nach einiger Zeit zum Zerbeulen und lassen sich oftmals nicht mehr richtig verschließen. Auch mehrere Plastiktüten sind an manchen Stellen nicht verkehrt. Im Winter sollte besonders auf Wasserdichtigkeit geachtet werden. Auch der Inhalt sollte in kleine wasserdichte Tütchen verpackt werden, damit er im Winter nicht nur noch mit Hammer und Meißel zugänglich wird. Sehr bewährt hat sich auch die Methode 'Dose in Dose'. Hier kommt die kleine Dose einfach in eine zweite, größere Dose hinein.

### Große Caches

Große Caches sind oft Hauptcaches in Multicaches. Diese bestehen oft aus großen Ammokisten, Plastikbehältern, Plastikeimern mit Deckel oder anderen wasserfesten Behältern, die weit über die Größe einer normalen Tupperdose hinausgehen. Auch große Aluminiumkisten sind schon als Cache verwendet worden. Die Örtlichkeit sollte für einen großen Cache geeignet sein, da er sonst leicht entdeckt werden kann.

## Der Cache - Inhalt

Beim Füllen des Caches ist Fantasie gefragt. Wer die Seiten von geocaching.com oder navicache.com durchblättert, erfährt, was sich so alles in den Caches aufhält. Beachten sollte man zu allererst die Grundregeln des Geocaching. Es dürfen keine Drogen, Alkohol, Waffen und Lebensmittel in den Caches versteckt werden. Man sollte immer daran denken, dass sehr viele Kinder die Caches finden und an den Inhalt herankommen. Weiterhin muss man davon ausgehen, dass auch Nicht-Geocacher den ein oder anderen Cache entdecken. Auch an Tiere sollte man denken. Durch unglückliche Umstände wird bestimmt der ein oder andere Cache vom Wildschwein "weggefunden".
Kleines Spielzeug für die kleinen Kinder und praktische Dinge für die großen Kinder sind zu empfehlen. Man kann natürlich jede Menge Geld und den Goldschmuck der Frau im Cache platzieren, dann aber bestimmt auf Nimmerwiedersehen. Ein gewisser Anreiz sollte aber auch im Inhalt eines Caches liegen.

Als Inhalt sind z.B. geeignet:

- kleine Figuren, Stofftiere (eingepackt)
- Kugelschreiber, Buntstifte, Malstifte
- Schlüsselanhänger, Einkaufchips
- kleine Bälle, Flummis
- Spielzeug für Kinder
- Bürokram (Stifte, Tesa, Zettelblock)
- kleine Bücher, Hefte, Reiseführer, Landkarten
- Musik-CD, Programme auf CD

- kleines Werkzeug, neue Batterien, Akkus
- Taschenlampen usw.

Zusätzlich zu den genannten Tauschgegenständen sind folgende Dinge in jedem Cache notwendig:

- Logbuch (kleines Notizbuch)
- Bleistift zum Loggen
- Hinweisblatt zum Geocaching in deutsch und englisch (kann als Vordruck aus dem Internet www.geocaching.de geladen werden)

Im Logbuch sollte verzeichnet sein, wer den Cache angelegt hat und wann er gelegt wurde. Ein Gruß an alle Finder darf nicht fehlen. Für den Erstfinder sollte eine Erstfinderurkunde hineingelegt werden. Diese schafft einen zusätzlichen Reiz, den Cache als Erster zu loggen. Das Hinweisblatt und die Erstfinderurkunde kann man praktischerweise einlaminieren, dann sind diese Dinge optimal vor Wasser geschützt.
In letzter Zeit werden auch verstärkt Geocards in die Caches gelegt. Dazu mehr in dem Kapitel Geocards.

## Vorbereitung des Caches

Alle Dinge im Cache sollten, wenn möglich, in kleine wasserdichte Tütchen verpackt werden. Dies ist besonders für das Logbuch wichtig. Als Behälter für einen traditionellen Cache ist am besten eine wasserdichte Plastikdose geeignet. Keksdosen aus Blech werden mit der Zeit unansehnlich, rosten und verbeulen. Sie lassen sich dann nicht mehr vernünftig schließen und es haben die kleinen ungebetenen Gäste freien Eintritt. Ameisen und ähnliches Getier fallen dann über die Schätze her.
Natürlich ist auch Wasser ein Feind der Caches und hat schon so manchen ruiniert. Also, wenn viele Geocacher Freude am Cache für eine lange Zeit haben sollen, dann sind etwas bessere wasserdichte Behälter anzuraten, die auch den nächsten Regen überstehen.
Der Behälter sollte danach noch in einen festen Müllsack eingewickelt werden. Dieser hält den Dreck und auch einiges an Wasser

fern, so dass der Cache selbst auch nach langer Zeit noch ansehnlich aussieht. Optimal ist es, wenn der eigentliche Cache in einen zweiten, größeren Behälter gesteckt wird. Es kann eine mittlere Tupperdose gut in eine kleine Ammokiste passen.

*Location gefunden!*

## Locations

Der Ort, an dem der Cache versteckt wird, ist das A und O beim Geocaching. Die Location entscheidet oft über Annahme oder Ablehnung eines Caches. Wird ein Cache in einer landschaftlich schönen oder interessanten Gegend versteckt, werden ihn mehr Geocacher aufsuchen. Die Kommentare im Internet-Log sprechen dann für sich. Die Gegend sollte aber mit Bedacht gewählt werden. Es hat sich gezeigt, dass der Ort möglichst

- fernab von möglichen Menschenansammlungen,
- abseits von Straßen, Plätzen und Wegen,
- und nicht einsehbar

sein sollte. Natürlich müssen normale Caches gefahrlos erreicht werden können. Er darf sich nicht in Naturschutzgebieten, Sperrgebieten oder auf Privatgelände befinden. Immer daran denken, dass auch Kinder und Jugendliche sich an der Schatzsuche beteiligen.

## Verstecken und Tarnen des Caches

Ist der geeignete Ort gefunden, gilt es, den Cache möglichst naturschonend zu verstecken. Besonders gut geeignet für Verstecke sind:

- umgestürzte Baumstämme, hohle Baumstämme,
- alte Gemäuer, Treppenabsätze,
- große Steinansammlungen, Steinplatten,
- kleine Überhänge,
- kleine künstliche Bauten, Brücken.

*gut versteckt und getarnt*

Also möglichst natürliche oder künstliche Verstecke nutzen und den Cache nicht vergraben. Eine gute Tarnung hilft, dass der Cache nicht von Unbeteiligten gefunden wird. Dazu bitte keine Äste abbrechen, sondern herumliegendes Laub oder Äste benutzen. Einen Cache ein paar Zentimeter im Sand zu verbuddeln geht natürlich auch. Er sollte aber möglichst ohne Hilfsmittel gefunden werden. Gerade bei vergrabenen Caches entstehen sonst im Laufe der Zeit umfangreiche Grabungsstätten, die sehr unschön aussehen. Manche werden dagegen halten, dass in einigen Gebieten die Wildschweine ja sowieso alles umgraben. Wir sind aber nunmal keine Wildschweine ;-)

*Versteck unter einer alten Wurzel*

Zum Verstecken des Caches gehören auch Fotos. Es geht natürlich auch ohne, aber mit den Fotos kann eine Beschreibung des Caches besser erfolgen. Zusätzlich zu den Fotos sind manchmal Skizzen sehr hilfreich. Entweder per Hand gezeichnet und anschließend gescannt, abfotografiert oder gleich in einem Zeichenprogramm erstellt, helfen diese dem Geocacher ungemein. Man kann hier Meterangaben, Winkel und Hinweise direkt in die Skizze eintragen. Selbst in einem Foto können Pfeile, Punkte oder Text untergebracht werden. So erspart man sich manchmal lange Texte. Ein Bild sagt mehr als tausend Worte. Abgedroschen ist dieser Spruch, aber trotzdem wahr. Gerade bei den englischen Übersetzungen für die Beschreibung kann man einfach auf Bilder verweisen, die dann selbsterklärend sind.

## Veröffentlichung des Caches im Internet

Damit ein Cache auch gefunden wird, muss er veröffentlicht werden. Dies geschieht praktischer Weise über das Internet, welches als internationale Plattform mit dem World Wide Web seine größte Verbreitung gefunden hat. Das Internet ist das ideale Medium um alle Geocacher in ihrem Hobby zu verbinden.
Die beiden größten Geocache-Plattformen im Internet werden nachfolgend vorgestellt. Weitere Projekte sind in der Entwicklung.

### Geocaching.com

Unter der Website www.geocaching.com findet man eine große Zahl von Geocachern vereinigt. Im April 2004 waren bereits Caches aus über 190 Ländern dort gemeldet! Diese Seiten sind komplett in englisch verfasst. Wer Hilfe auf deutsch sucht, sollte die Seite www.geocaching.de besuchen. Hier wird das Meiste in deutsch erklärt.
Wer die Startseite von www.geocaching.com öffnet, findet eine einfache, übersichtliche Seite. In der Rubrik 'my cache page' können sich Einsteiger anmelden und einen neuen Account eröffnen. Danach stehen einem alle Funktionen für das Geocaching zur Verfügung. Entweder man sucht Caches in bestimmten Regionen (seek a cache), oder man versteckt selbst einen Cache. Dieser muss dann ebenfalls dort veröffentlicht werden.
Unter anderem kann man auf Geocaching.com folgendes tun:

- Caches suchen
- Caches veröffentlichen, ansehen, verfolgen
- Travelbugs verfolgen, veröffentlichen
- in Kontakt mit anderen Geocachern treten
- Informationen zu Geocaching abrufen
- ein Forum besuchen
- Hilfstexte downloaden
- Logs lesen

Die kleinen Hilfsmittel und Tricks erfährt man mit der Zeit automatisch. Die anderen Geocacher stehen einem oft mit Rat und Tat zur Seite. Schließlich hat jeder einmal angefangen.

### Navicache.com

Unter www.navicache.com ist ein ähnliches Angebot zu finden. Diese Seite ist nicht ganz so groß. Es bleibt dem persönlichen Geschmack überlassen, welche Seite man für seine Aktivitäten auswählt. Selbstverständlich können auch beide Seiten benutzt werden. Dann ist der Cache auf beiden Seiten zu finden.

### Sonstige Veröffentlichung

Natürlich können Caches auch an anderen Stellen veröffentlicht werden. Jeder könnte auf seiner eigenen Homepage den Cache veröffentlichen. Der Nachteil ist aber nicht zu übersehen. Die meisten Geocacher benutzen die beiden großen Geocache-Pages um ihre Caches zu veröffentlichen. Hier wird vor allem darauf geachtet, dass alle Regeln des Geocaching hinsichtlich Inhalt des Caches und des Schutzes der Natur eingehalten werden. Auch kann hier die erfolgreiche Suche der anderen Geocacher verfolgt werden. Durch die Logbuchfunktion ist man immer auf dem Laufenden. Bis heute sind die Grundanwendungen der Seiten kostenlos. Es gibt jedoch auch weitergehende Memberbereiche. Hierzu hat man erst Zutritt nach Zahlung eines Jahresbeitrages. Member können weitere Caches suchen. Ich finde die Kommerzialisierung dieses Hobbys nicht förderlich. Dies ist auch in der Geocachergemeinde sehr umstritten. Zur Zeit werden Alternativen entwickelt, welche einer Kommerzialisierung entgegen wirken sollen.

## Kontrolle des Caches

Solange der Cache von allen Geocachern gefunden und wieder ordentlich versteckt wird, besteht kaum Anlass, den Cache zu besuchen. Um zu sehen, ob die Natur in der Nähe des Caches durch die Suchaktionen beeinträchtigt wird, muss ab und zu eine Kontrolle durchgeführt werden. Sollte dies der Fall sein, muss der Cache für eine Weile oder für immer geschlossen oder umverlegt werden.
Sollte der Cache von mehreren Geocachern nicht gefunden werden oder besteht der Verdacht, das Versteck könnte auch von anderen entdeckt worden sein, sollte er untersucht und eventuell

auch umverlegt werden. Der Cache wird dazu archiviert und kann nach der Aktion wieder aktiviert werden.

## Suchen eines Caches

Wer das erste Mal aus der Zeitung oder anderen Medien auf Geocaching aufmerksam geworden ist und Lust an einer Cachesuche verspürt, fragt sich zuerst: Wo liegen denn die Caches? Wie kann ich sie finden?

### Cache - Koordinaten finden

Am einfachsten ist es, über die informativ gestaltete Seite www.geocaching.de die Suche zu beginnen. Hier gibt es eine interaktive Karte, welche über den gleichnamigen Link zu erreichen ist. Auf einer Übersichtskarte werden fast alle Caches von geocaching.com und navicache.com als kleine grüne oder weiße Punkte dargestellt. Die Karte umfasst Deutschland und einige angrenzende Bereiche wie die Niederlande, Belgien und z.B. einen Teil von Dänemark. Von vielen Bereichen existieren bereits Detailkarten. So gibt es unter anderem von den Großräumen München, Hamburg und Berlin Detailkarten, die auch sehr große Bereiche des Umlandes abdecken.
Die Seite wird ständig weiterentwickelt. Ein grüner Punkt steht also für einen Cache, welcher an dieser Stelle versteckt ist. Es gibt auch Ausnahmen von dieser Regel, z.B., wenn virtuelle oder Rätsel-Caches angegeben sind. Die grünen und weißen Punkte sind verlinkt mit den jeweiligen Caches auf den Internetseiten von www.geocaching.com und www.navicache.com. Einfacher geht es kaum: Einfach den grünen Punkt seiner Wahl anklicken und schon gelangt man zur Beschreibungsseite des Caches. Voraussetzung ist natürlich eine Anmeldung bei den entsprechenden Seiten. Diese ist aber schnell erledigt und kostet auch nichts.
Auf der Beschreibungsseite des Caches sind alle Informationen zur erfolgreichen Cachesuche abgelegt. Weiterhin haben sich auch alle Geocacher, welche den Cache bereits gefunden haben, auf

der Seite eingeloggt. Es ist interessant, welch lustige Geschichten darunter sind.
Bei traditionellen Caches sind die GPS-Koordinaten direkt angegeben und können in das GPS-Gerät eingegeben werden. Wenn zusätzlich Bilder vorhanden sind, sollte man sich diese, sowie die Beschreibungsseite, ausdrucken. Dann kann man unterwegs noch einmal in der Beschreibung lesen oder Daten vergleichen.
Mittels Karte sollte der Standort noch einmal verglichen werden. Zusätzlich besteht die Möglichkeit, im Internet oder über einschlägige Software wie Mapsource oder TOP50 die Koordinaten einzugeben und mit dem Kartenausschnitt zu vergleichen. Es ist schon oft passiert, dass bei Falscheingabe einer Zahl in das GPS-Gerät dann der Zielort um 100 Meter oder mehrere Kilometer verfehlt wurde. Ganz Clevere haben auch schon mal 100 km daneben gelegen ;-)

## Die Suche

Entscheidend bei der Cachesuche sind die Vorlieben. Will man eine lange Wanderung oder möchte man lieber so nah wie möglich an den Cache heranfahren. Der Beginn einer Cachesuche ist also immer die Anfahrt. Dabei ist es von großer Wichtigkeit zu entscheiden, von welcher Seite man sich dem Cache nähert. Wenn in der Beschreibung keine eindeutigen Hinweise stehen, bleiben oft mehrere Möglichkeiten.

Dabei muss man auf mögliche

- Flüsse, Bäche, Gräben,
- Naturschutzgebiete,
- Sperrgebiete (militärische Bereiche),
- Bebauungen (Mauern, Zäune, Häuser),
- Firmengelände,
- Versuchsgelände,
- Bahnanlagen, Autobahnen,
- natürliche Hindernisse (Abhänge, Berge, Seen),
- landwirtschaftliche Nutzflächen (Felder),
- Nutzanlagen (Rieselfelder, Abraumhalden)

und andere Hindernisse achten. Diese bedingen sonst unter Umständen kilometerlange Umwege oder den Abbruch der Suche. Es ist schon oft vorgekommen, dass man den Cache schon sehen kann aber nicht über den Bach hinüberkommt, der dazwischen liegt. Wer dann kilometerlange Waldwege bis zu diesem Punkt gelaufen ist, darf wieder umkehren und es noch einmal von der anderen Seite versuchen.
Ebenso sind die öffentlichen Verkehrsmittel zu beachten, wenn man nicht mit Auto, Motorrad oder Fahrrad unterwegs ist.
Hat man einen Ausgangspunkt für die Suche zu Fuß gefunden, beginnt die Feinplanung.

*Drive In Cache 'First Germany'*

Man kann natürlich einfach drauf lossuchen, aber wer es möchte, der sucht sich in topografischen Karten schon mal einen schönen Weg mit ein paar Besonderheiten am Wegesrand. Das können schöne Aussichten ebenso wie alte Bäume, Denkmäler oder einfach nur schöne Strecken sein. Man kann sich dazu am Computer oder auf der Karte eine einfache Wegpunkt-Strecke (Route) zusammenstellen und diese dann per Kabel oder Hand in das GPS-Gerät übertragen. An markanten Weggabelungen, Kreuzungen,

Hindernissen oder schönen Stellen sollte jeweils ein Wegpunkt eingetragen werden. Die maximale Anzahl von Wegpunkten im GPS-Gerät kann durch das Erstellen von Teilrouten umgangen werden, so dass auch längere Routen in das Gerät übetragen werden können.

**Einsatz von GPS - Gerät, Karte und Kompass**

Startplatz sollte der Parkplatz sein bzw. der Beginn des Fußmarsches. Nachdem die Route bzw. die Koordinate im GPS-Gerät eingegeben wurde, kann die Suche beginnen. Für Fahrrad- und Motorrad-Caches gelten noch andere Bedingungen.

*Wo ist hier der Cache?*

Das GPS-Gerät kann entweder auf Kartenansicht oder Kompassrose (Pfeil) eingestellt werden. Man sollte nicht die ganze Zeit versuchen, dem Pfeil oder der Wegpunktmarkierung hinterherzulaufen, sondern vorhandene Wege oder Pfade nutzen. Zum einen stimmt die Richtung nie ganz genau und auf Wegen läuft es sich besser. Die Natur wird dabei auch geschont. An Weggabelungen oder Kreuzungen sollten die Koordinaten geprüft und eventuell eine neue Richtung eingeschlagen werden. Man kommt auf nor-

malen Wegen auch über Umwege bedeutend schneller voran, als wenn man über Waldboden, Baumstämme oder durchs Unterholz trabt. In einigen bewaldeten Gebieten kann es passieren, dass das GPS-Signal nicht ausreichend ist. Entweder werden die Satelliten durch Blätter oder Berghänge verdeckt oder durch den eigenen Körper. In solch einem Fall hilft entweder Abwarten oder das Aufsuchen einer lichteren und höheren Stelle. Man kann auch mal aus dem Gedächtnis ein paar Meter navigieren, ohne sich gleich zu verlaufen oder das Ziel aus den Augen zu verlieren. Nach ein paar Metern ist der Empfang oft wieder da.
Auch die Satellitenkonstellation spielt eine Rolle. Eventuell sind gerade nicht so viele Satelliten über dem Gebiet zu 'sehen'. Nach 20 Minuten kann sich dies jedoch schon geändert haben.
Hilfreich ist auf jeden Fall eine gute topografische Karte, denn dann muss das GPS-Gerät nur sporadisch geprüft werden und man kann anhand der Karte den Cache suchen. Sollte der Wegverlauf oder die geplante Route einmal nicht nachvollziehbar sein, kann mit dem GPS-Gerät die Koordinate geprüft werden. Dazu muss sie natürlich auf der Karte eingezeichnet sein. Sollte in den topografischen Karten keine Gitterstruktur vorhanden sein, kann man sich mit einer Schwarzweißkopie behelfen, in die man ein Gitter einzeichnet. Auch die Ziel- und wichtige Wegkoordinaten kann man dort vermerken. In der Nähe des Caches kann man dann wieder zur GPS-Navigation übergehen.
Man sollte aber nichts übertreiben und auch mal einen Cache ganz ohne GPS-Gerät suchen. Der Erfolg ist dann um so größer.

### Wo ist nun der Cache?

Fast am Cache angekommen, sollte man auf dem GPS-Gerät nach Möglichkeit die Kartenansicht wählen und diese einnorden. Das heißt, dass sich die Ansicht nicht nach dem Laufwinkel verändert (sogenannte Einstellung "Track oben" nicht benutzen). Entscheidend ist auch die Entfernung zum Cache in Metern. An dieser Meterzahl lässt sich sehr einfach erkennen, ob man sich dem Cache nähert oder sich von ihm entfernt. Dies ist auf jeden Fall einfacher und sicherer in der Handhabung, als der Kartenroute oder Pfeilspitze zu folgen. Am vermeintlichen Cache angekommen, gilt es, die Umgebung zu inspizieren. Sind Bilder im Internet hochgeladen worden, ist es jetzt gut, diese ausgedruckt dabei zu haben. Auch die Beschreibung gibt wertvolle Hinweise. Manchmal sieht man Grabspuren oder Hinweise von Geocachern, die schon da waren. Nicht einfach drauflossuchen. Das haben schon ganz andere probiert und man gräbt oder sucht an der gleichen falschen Stelle, die die Vorgänger bereits erfolglos begutachtet haben. Lieber ein wenig nachdenken. Natürlich helfen auch die Logeinträge der anderen Geocacher. Wenn man sie dabei hat und sich nicht sicher ist, kann man dort weiter nachsehen. Der Rest ist Intuition. Es hilft nur suchen. Manchmal muss man auch etwas länger suchen oder noch einmal die Stelle lokalisieren.

Falls sich nichts finden lässt, wie folgt vorgehen:

**1. Koordinaten prüfen**

Sind die Koordinaten auf der ausgedruckten Seite identisch mit dem Wegpunkt im GPS-Gerät?
Ist die Schreibweise identisch? Oft wird der Fehler gemacht, dass die Minuten und Sekunden falsch eingegeben werden. Im Internet gilt fast immer die Schreibweise Grad und Dezimalminuten. Hier werden die Gradzahlen getrennt und die Minuten mit einer Dezimalschreibweise, also N 52° 44,952' angegeben. Diese Schreibweise darf man nicht mit Grad, Minuten und Sekunden verwechseln. Hier wird N 52° 44' 57,12" als Grad, Minuten und Dezimalsekunden geschrieben. Da eine Minute nur 60 Sekunden hat, aber in der Dezimalschreibweise natürlich auch eine 9 hinter dem Komma stehen kann, kommt es oft zu Verwechslungen.

**2. Geräteeinstellungen prüfen**

Die Koordinaten im Netz sind fast immer im System WGS 84 angegeben. Dies ist das Koordinatengitter und muss immer identisch sein. Im GPS-Gerät muss also auch das System WGS 84 als Koordinatengitter angegeben sein. Werden falsche Koordinatengitter verwandt, kommt es zu erheblichen Abweichungen von bis zu mehreren hundert Metern.
Weiter ist zu prüfen, ob die Einstellung WAAS/EGNOS aktiviert wurde. WAAS ist eine in Nordamerika funktionierende Verbesserung der Genauigkeit des ermittelten Standortes durch zusätzli-

che Satelliten, welche über Erdreferenzen funktionieren. Eine genaue Beschreibung ist im Internet zu finden. Das europäische Gegenstück zu WAAS ist EGNOS. EGNOS befindet sich in einer auslaufenden Testphase und wird bald ständig eingeschaltet sein. Da aber nicht immer von einem Empfang dieser zusätzlichen Satelliten auszugehen ist, sollte die Funktion deaktiviert werden. Werden die Satelliten nämlich nicht empfangen, kann es unter bestimmten Umständen zu einer Verschlechterung der Genauigkeit kommen.

*Hier muss es sein!*

### 3. Empfangssituation prüfen

Der Empfang an einem bestimmten Ort ist abhängig von der Satellitenkonstellation. Da sich die Satelliten auf Bahnen bewegen, sind immer unterschiedlich viele Satelliten am Himmel anpeilbar. Manchmal kommt es dazu, dass nur wenige Satelliten über dem aktuellen Standort sichtbar und einige davon eventuell noch durch Bäume oder Objekte abgeschattet sind. Dann hilft nur warten, denn die Konstellation verändert sich relativ schnell. Im Internet kann man die Anzahl der sichtbaren Satelliten über einem bestimmten Ort zu einer bestimmten Zeit anzeigen lassen.

**4. Ort erneut anlaufen**

Am besten ist es, sich noch einmal vom Zielort zu entfernen und ihn erneut anzulaufen. Dabei kann man verschiedene Richtungen wählen. Sind mehrere Geocacher auf der Suche, kann man auch die Geräte verifizieren. Es ist schon erstaunlich, wie unterschiedlich die Geräte den Empfang darstellen. Wo ein Gerät versagt, muss das andere zwangsläufig noch nicht am Ende sein.

**5. Vorgehensweise prüfen**

Nicht verzweifeln, wenn es beim ersten Mal nicht gleich klappt! Einfach eine Pause einlegen und noch einmal ganz in Ruhe von vorn beginnen. Vielleicht stimmt die Koordinate ja wirklich nicht. Der Cache kann auch weg sein, also nicht bis Mitternacht vor Ort bleiben, sondern irgendwann die Suche abbrechen. Wichtig ist auch das erfolglose Loggen im Internet. Das kommt öfter vor, als man denkt. Gerade bei schwierigen Caches finden viele das Versteck nicht. Manchmal wird daraufhin auch die Beschreibung geändert. Es macht ja keinen Sinn, wenn nur jeder Fünfte den Cache findet. Für den Anfang sollte man sich einfache Caches aussuchen.

## Handeln und Logbucheintrag

Für manchen Geocacher liegt die Cachesuche im Finden des Verstecks und nicht im Inhalt des Caches. Nun, wahre Schätze sind natürlich nicht im Cache versteckt, aber einen kleinen Tausch sollte jeder vornehmen. So ändert sich der Inhalt und wird für manche auch interessanter. Oft wandert auch ein Gegenstand von Cache zu Cache und es kann schon einmal vorkommen, dass er wieder im Ursprungscache ankommt.

Wichtig ist auch die Logbucheintragung im Papierlogbuch des Caches. Hier stehen oft Grüße an nachfolgende Geocacher drin. Im Logbuch sollten auf jeden Fall folgende Eintragungen eingeschrieben werden:

- Datum, Uhrzeit
- Nickname des Geocachers
- Hinweise zum Cache oder Gruß
- Handel (in und out)

Wichtig ist das ordentliche Einpacken und Verstecken des Caches am ursprünglichen Platz. Es darf auf keinen Fall der Ort eigenmächtig verändert werden. Kleine Änderungen sollten im Internet veröffentlicht werden.

## Loggen des Caches im Internet

### Loggen in Geocaching.com

*Logo Geocaching.com*

Um einen gefundenen Cache im Internet zu loggen, braucht man nur die Seite mit dem Cache aufzurufen. Oben rechts in der Ecke befindet sich ein Button mit der Log-Funktion (log your visit). Die darauffolgende Seite enthält alle wichtigen Angaben zum Loggen des Caches:

- Datum, an dem der Cache gefunden wurde
- Klick für gefunden/nicht gefunden/Notiz/Cache sollte archiviert werden
- Kommentartext

Bei Bedarf kann noch eine Koordinate und eine eigene Homepage angegeben werden. Wer den Text verschlüsseln möchte, kann das entsprechende Kästchen anklicken. Im Text sollte auch der Han-

del beschrieben werden (in/out).
Wer will, kann im Anschluss noch Bilder zur Cachesuche hinzufügen. Dazu einfach auf der Cacheseite den Button 'upload an image for this log' anklicken. Die Bilder müssen kleiner als 100 Kilobyte sein, sonst werden sie vom System abgewiesen. Am besten vorher in einem Bildbearbeitungsprogramm das Ursprungsbild aus der Kamera laden, schärfen, Farbe anpassen, verkleinern auf max. 600 Pixel Breite (Höhe folgt meist automatisch) und als jpg-Bild unter einem aussagekräftigen Namen mit mittlerer Kompression (5 bis 7) abspeichern. Danach die Größe des Bildes kontrollieren. Sollte die Größe weit über 100 Kilobyte liegen, das Ursprungsbild erneut bearbeiten, aber eine Größe von max. 400 Pixel Breite versuchen und die Kompression auf Stufe 4 einstellen. Bei erneuter Bearbeitung immer das Ursprungsbild verwenden und damit experimentieren (Sicherungskopie nicht vergessen).

## Loggen in Navicache.com

*Logo Navicache.com*

Das Loggen eines Caches gestaltet sich ähnlich einfach, wie in www.geocaching.com. Unter der Rubrik 'hide a cache' kann man auf einer einfachen Beschreibungsseite alle Daten eingeben. Mittlerweile gibt es auf www.navicache.com auch Hinweise in deutsch. Dazu einfach das verlinkte Bild mit der deutschen Flagge anklicken.

## Was tun, wenn der Cache weg ist?

Leider kommt es immer wieder vor, dass ein Cache geplündert wird oder aus anderem Grund abhanden kommt (z.B., wenn ein

Wildschwein den Cache einfach auffrisst). Man kann dies an den Eintragungen der anderen Geocacher im Internet-Log verfolgen. Es sollte der Cache dann sicherheitshalber aufgesucht werden, um zu sehen, ob der Cache tatsächlich nicht mehr vorhanden ist. Der Cache muss dann sofort im Internet gesperrt werden, damit nicht noch mehr Geocacher umsonst auf die Suche gehen. An der Stelle sollte kein neuer Cache angelegt werden, denn die Gefahr, diesen wieder zu verlieren, ist sehr hoch.

# Verstecken von Caches

## Motivation

Die meisten Geocacher werden überwiegend Caches suchen. Anhand der Statistiken erkennt man schnell, dass sehr viele Caches gesucht werden und nur sehr wenige einen Cache verstecken. Das Ratio Caches suchen : Caches verstecken ist also sehr hoch. Einen Cache zu verstecken kann aber viel spannender sein, als nur zu suchen. Natürlich ist der Aufwand größer, aber auch die Freude, wenn andere Geocacher den Cache suchen und dann die Ergebnisse loggen. Ob der Cache ein Erfolgt wird, hängt von verschiedenen Faktoren ab. Auf jeden Fall erhält man über die Logs und auch Mails den Rücklauf, ob der Cache angekommen ist.

## Verstecken von Traditionellen Caches

### Einfacher Traditioneller Cache

Der Traditionelle Cache ist am meisten verbreitet und auch am einfachsten zu verstecken. Er besteht im einfachsten Falle aus einer Dose mit dem üblichen Inhalt und die Koordinaten werden direkt im Netz veröffentlicht.

### Location

Das Wichtigste beim einfachen Cache ist der Ort. Da keine Aufgaben zusätzlich gestellt werden, sollte man den Cache an einen

interessanten oder schönen Ort bringen. Die Suche soll sich ja schließlich lohnen. Es gilt also, einen interessanten Platz, eine besonders schöne landschaftliche Stelle oder die Nähe zu speziellen Orten zu suchen.
Beispiele für Locations:

- Aussichtspunkt mit Versteckmöglichkeit
- schöner Wanderweg
- Technisches Denkmal
- Historisches Denkmal
- schönes Bauwerk
- außergewöhnliches topografisches Merkmal
- alte Kultstätten
- sogenannte lost places (siehe Kapitel)

Meint man, eine geeignete Stelle gefunden zu haben, muss die Gegend auf Besonderheiten untersucht werden. Dazu reicht schon eine gute Wanderkarte aus. Noch besser sind amtliche topografische Karten. Aber Achtung: Auf manchen topografischen Karten der Vermessungsämter sind die Sperrgebiete nicht eingezeichnet. Hier sind die Wanderkarten besser.
Es muss nun herausgefunden werden, ob sich am gesuchten Ort kein:

- Privat- oder Firmengelände,
- militärisches Sperrgebiet,
- Naturschutzgebiet,
- verseuchtes Gelände,

oder gefährliches Gelände befindet. Wenn man das Gebiet bereits kennt, um so besser. Wer mehrere Caches versteckt, wird aber irgendwann auch unbekanntere Gegenden aufsuchen. Man kann die Gegend vorab aufsuchen oder sucht einen geeigneten Versteckplatz erst vor Ort, nachdem man angekommen ist. Dann sollte man ein wenig mehr Zeit einplanen.

**Die Vorbereitung**

Da keine Knobelaufgaben auszudenken sind, ist die Vorbereitung schnell erledigt. Folgende Gegenstände müssen besorgt werden:

- wasserdichte Dose
- Logbuch (Notizbuch)
- Bleistift oder Kugelschreiber
- Hinweisblatt zu Geocaching
- Tauschutensilien
- evtl. Außenbox oder Tüte
- wasserfester Stift

Das ist schon alles. Als Dose eignen sich sehr gut Gefrierdosen, da sie die Kälte im Winter besser überstehen und dann nicht zersplittern. Sie sollte auf jeden Fall wasserdicht sein. Hat man eine gut geschützte und trockene Location gefunden, sind auch Ammokisten und nicht wasserdichte Behälter möglich.

*Cacheinhalt*

Das Logbuch kann entweder als Geocaching-Original erworben werden (z.B. von den Onlineshops) oder man nimmt einfach ein Notizbuch aus dem Supermarkt. Das ist in jedem Falle ausreichend und billiger. Das Logbuch, der Stift und die Hinweise müssen in eine Plastikhülle, am besten in eine kleine zipbare Tüte, gesteckt werden. Ein Gummiring hält das Ganze zusammen. Im Logbuch sollte der Name des Caches, Datum, der Nickname des

Cachers und ein paar Grüße eingetragen werden. Auch die Koordinate des Verstecks kann angegeben werden.
Das Hinweisblatt zu Geocaching kann in verschiedenen Sprachen von den Geocaching-Seiten heruntergeladen werden. Dort stehen sie als Text- oder Worddateien zur Verfügung. Wer die Möglichkeit hat, Papier zu laminieren, sollte eine ansprechende Karte gestalten und diese einlaminieren.

> **GEOCACHE Versteck - Bitte lesen**
>
> **Herzlichen Glückwunsch, Du hast es gefunden! Beabsichtigt oder nicht!**
>
> Warum liegt hier dieser Behälter? Was zum Teufel macht dieser Behälter hier mit den ganzen komischen Dingen drin?
> Dieser Behälter ist Teil eines weltweiten Spieles dass sich der Nutzung des GPS (Global Positioning System) verschrieben hat. Es nennt sich GPS Stash Hunting, oder Geocaching. Das Spiel besteht darin einen „Schatz" zu verstecken und dessen GPS Koordinaten zu veröffentlichen, so dass andere GPS-Benutzer diesen im Rahmen einer „Schatzsuche" finden können.
> Die einzigen Regeln sind: Wenn Du etwas aus dem Schatz entnimmst, musst Du auch etwas hinterlassen und solltest Deinen Besuch in das Notizbuch eintragen. (Woher kommst Du, war es einfach, den Schatz zu finden etc.)
> Hoffentlich hat die Person, die den Schatz versteckt hat einen guten Platz in öffentlichem Gelände gefunden um ihn zu verstecken. Manchmal wird jedoch aus einem guten Platz ein schlechter :-(

*Hinweiskarte Geocaching (Vorderseite)*

Für die Erstbestückung des Caches sollten nicht alte Kramsachen genommen werden. Im Baumarkt oder Supermarkt gibt es oft für kleines Geld kleine sinnvolle Dinge wie Schreibsachen, Schlüsselanhänger, Batterien, kleine Werkzeuge, Spielzeug, Autozubehör, Drogerieartikel (nur fest verschließbar und wintertauglich), Bücher, CD's und vieles mehr. Für 10 bis 20 Euro kann man einen kompletten Cache ausrüsten, einschließlich der Dose. Die Dose sollte außen gut sichtbar mit den wichtigsten Daten beschriftet werden. Cachebezeichnung, Nickname, Datum und ein Hinweis auf Geocaching sind dabei ausreichend. Zur Beschriftung nimmt man am besten einen wasserfesten, dicken Stift. In einem durchsichtigen Deckel kann man auch von innen einen Text anbringen.

**Verstecken des Caches**

Nachdem alles in der Dose ist, wird diese in eine Tüte eingewickelt und es kann ans Verstecken gehen.

Man sollte für Kraftfahrer einen geeigneten Parkplatz suchen und diesen mit veröffentlichen. Dazu einfach unterwegs die Koordinate als Wegpunkt markieren und auch gleich vor Ort ordentlich im GPS-Gerät bezeichnen. Die automatische Vergabe der Wegpunktnamen ist dazu gänzlich ungeeignet. Auch sehenswerte Orte in der Umgebung des Caches sind vielleicht erwähnenswert. Diese sollten aber immer nur als Koordinate angegeben werden.

Am Ziel angekommen, muss ein geeignetes Versteck gesucht werden. Sind künstliche Bauten vorhanden, auch alte Bauteile, gibt es viele Versteckmöglichkeiten:

- unter alten Treppenstufen
- unter Betonbauteilen (alten wie neuen)
- unter Brückenkanten
- in alten ungenutzten Rohren
- unter Bauvorsprüngen
- zwischen Streifenfundamenten (Container)
- unter Abdeckungen
- an alten Schächten
- in Hohlräumen von Bauten
- unter alten Betonplatten
- in den Bauten selbst (wenn gefahrlos)
- an Mauern und Zäunen
- in Mauerspalten (lockere Steine)

Dabei muss allerdings immer beachtet werden, dass das Gelände und die Bauteile betreten werden dürfen, und dass keine Gefahr für den Cacher entstehen kann. Auch dürfen Kinder nicht durch einen Cache in Gefahr geraten können.

In natürlichen Gebieten gibt es eine Menge Verstecke:

- unter umgestürzten Baumstämmen
- unter Baumwurzeln
- in Baumhöhlen
- an Abhängen (manchmal gefährlich)

- auf freien Flächen
- unter Steinen und Steinhaufen
- in Höhlen (wenn begehbar)
- an Wasserläufen (Hochwasser beachten)
- im Erdreich (in bestimmten Fällen s.u.)
- unter Felsvorsprüngen
- in Felsspalten

Wichtig ist wieder die freie Begehbarkeit und das Einhalten von Vorschriften. Die geeignete Stelle sollte nicht von Wanderwegen, Straßen, Gebäuden und anderen Einrichtungen oder Orten mit vielen Menschen eingesehen werden können. Sonst könnte man beim Heben und Wiederverstecken des Caches allzu leicht gesehen werden. Dies sollte auf jeden Fall vermieden werden.
Unter Tipps und Tricks zum Verstecken werden einige Möglichkeiten der Tarnung des Caches genauer beschrieben.

*Baumhöhle Cache Lindenberg*

Ist der Cache an Ort und Stelle und wurde er gut getarnt, sind ein paar Fotos aus unterschiedlichen Richtungen zum Cache ganz hilfreich. Das beste Foto kann dann bei Bedarf als Spoilerbild im Netz mitveröffentlicht werden. Noch viel wichtiger ist die Ermittlung der Koordinate am Cachepunkt. Dazu gibt es bei vielen GPS-Geräten die Möglichkeit, die gewählte Wegpunktmarkierung mitteln zu lassen. Das GPS-Gerät ermittelt dann laufend die aktuelle Position und bildet aus allen Werten einen Durchschnitt. Eventuell werden auch Fehler eliminiert. Der so ermittelte Wert kann dann als Wegpunkt gespeichert werden. Auch hier ist eine sinnvolle Bezeichnung sofort vorzunehmen. Wie die Position gemittelt wird, zeigt das Handbuch des jeweiligen Gerätes. Nicht alle Geräte haben diese Funktion. Dann muss ein einfacher Wegpunkt genügen. Man sollte sich zusätzlich die Genauigkeit des so ermittelten Punktes aufschreiben. Wenn der Punkt sehr ungenau ist, sollten auf jeden Fall zusätzliche Bilder oder Hinweise zum Cache führen. Auch können nachfolgende Cacher genauere Koordinaten im Log angeben. Wer wartet, hat eine halbe Stunde später eventuell eine bessere Satellitenkonstellation und erhält dann genauere Werte.

**Veröffentlichung des Caches**

Der Cache liegt an seinem Bestimmungsort, die Koordinate und zusätzliche Informationen sind aufgeschrieben, Bilder sind genügend vorhanden. Es kann also losgehen. Der Cache wird veröffentlicht.

Als erstes muss eine kleine Cachebeschreibung her. Am besten schreibt man in einem beliebigen Programm einen kleinen Text zum Sinn und Inhalt des Caches, lässt die zusätzlichen Informationen einfließen und zählt noch die Erstbestückung des Caches auf. Als reiner Text reicht dafür sogar ein Editor aus. Wer es schöner und ansprechender haben möchte kann HTML-Code verwenden. Dazu braucht man nicht unbedingt Programmierer sein. Es reichen fünf bis acht Befehle aus, um einen Text schön zu gestalten. Wer Interesse daran hat, sollte mit den Befehlen <p>, <b>, <font>, <br>, <img> und <hr> auskommen. Diese einfach im Internet nachschlagen. Wer Links dazufügen will, braucht gerade einen Befehl mehr.

Wer den Text nicht vorschreiben will, kann ihn auch direkt in das Online-Formular eintippen.

**Veröffentlichung bei geocaching.com**

Die Homepage von geocaching.com wird aufgerufen und die Rubrik 'HIDE & SEEK A CACHE' geöffnet. Unter 'Hide a cache' kann nun das Online-Formular (online form) aufgerufen werden. Folgende Angaben müssen nun ausgefüllt werden:

| | |
|---|---|
| Cache Type? | Art des Caches |
| Cache Size? | Größe des Caches |
| Nickname? | Name des Caches |
| Who placed the cache? | euer Nickname |
| Haken bei 'Yes... active' | wenn er bereits liegt |
| Date Placed | Datum des Versteckens |
| Coordinates | Cache-Koordinaten |
| Location | Land |
| Difficulty | Schwierigkeitsgrad |
| Terrain | Geländelevel |

Die Einordnung des Schwierigkeitsgrades und der Geländelevel sind in einem folgenden Kapitel beschrieben.
Unter 'Details' folgen dann:

| | |
|---|---|
| Short Description | kann man weglassen |
| Long Description | Beschreibung des Caches |
| Hints/Spoiler | diese sind verschlüsselt |
| Note to Reviewer | Hinweis an Prüfer |

Für die Prüfer ist es manchmal hilfreich, wenn ein paar zusätzliche Informationen mitgegeben werden. Diese sollten natürlich in englischer Sprache sein.
Die Beschreibung sollte ebenfalls in die englische Sprache übersetzt werden. Als erste einfache Hilfe kann man dazu die Übersetzungstools im Internet verwenden (z.B. google). Dann sollten aber nur einfache Sätze übersetzt werden. Ausdruck und Grammatik sind nach der Übersetzung nur selten optimal ;-)
Am Ende des Formulars sind noch zwei Häkchen für das Einverständnis mit den Bedingungen von geocaching.com zu machen. Diese können vorab unter dem angeführten Link eingesehen werden. Zum Schluss alles mit 'Report New Listing' absenden. Damit

ist die Anmeldung des Caches abgeschlossen. Der Cache kann nun über 'View' oder die eigene Seite 'MY CACHE PAGE' angesehen werden. Von hier aus können dann die Bilder übertragen werden. Oben rechts gibt es dafür einen Button. Der Beschreibungstext kann auch noch im Nachhinein geändert werden. Nur die Art des Caches lässt sich nicht mehr anpassen. Das Formular kann sich natürlich im Laufe der Zeit etwas verändern. Das Formular kann etwa 40 Minuten geöffnet bleiben. In dieser Zeit müssen alle Angaben gemacht worden sein. Diese Information steht am Anfang des Formulars.

### Prüfung und Freigabe des Caches

Alle Caches werden durch einen Prüfer freigegeben. Dieser ist für bestimmte Regionen zuständig und prüft die Beschreibung auf die Einhaltung der Regeln. Es kann sein, dass der Prüfer noch Fragen hat und diese per Mail zusendet. Die Konversation sollte hierbei auch in englischer Sprache erfolgen. Sollten allzu große Probleme auftreten, kann man sich auch in einem Forum weiterhelfen lassen. Dort einfach Hilfe suchen. Die Prüfung erfolgt in den meisten Fällen relativ schnell. Schon am nächsten Tag ist der Cache online und kann gesucht werden. Manchmal dauert es auch einen oder zwei Tage länger. Vor allem, wenn Nachfragen durch den Prüfer gestellt werden, kann es zu Verzögerungen kommen. Eine englische Beschreibung hilft mit, die Prüfung zu beschleunigen.

### Schwieriger Traditioneller Cache

Viele Cacher würzen den Traditionellen Cache mit einer zusätzlichen Aufgabe.

### Location

Das Gelände ist entscheidend für den Schwierigkeitsgrad. Um einen höheren Level zu erreichen, müssen Orte gesucht werden, die etwas weiter von der Zivilisation entfernt liegen oder die schwer zu erreichen sind. Das können dann auch Orte in einer Stadt sein. Die schönsten Gegenden erreicht man oft erst durch längere Fußmärsche. Hier gilt es, vorher einen schönen Ort zu erkunden und ein geeignetes Versteck auszuspähen.

Man sollte beachten, dass schwierige Level zum Einen die erfahrenen Cacher anzieht, zum Anderen aber auch dazu führt, dass weniger Cacher diesen Cache suchen werden. Ist die Landschaft sehr schön, der Cache selbst interessant und die Aufgabe dazu ein Anreiz, dann werden auch schwierige Caches oft besucht.

**Aufgaben**

Die Aufgabe zum Cache ist das A und O. Hier gibt es eine riesige Auswahl an Möglichkeiten. Zuerst sollte man sich für eine bestimmte Art entscheiden. Mancher steht mehr auf Mathe-Caches, andere mögen diese überhaupt nicht. Rätsel, welche mit der Umgebung zu tun haben, sind sehr beliebt. Oftmals werden Rätselaufgaben gestellt, welche durch die Internetsuche gelöste werden können. Dies ist nicht immer reizvoll. Besser ist es, sich vor Ort oder in der Umgebung markante Stellen zu suchen und diese in das Rätsel einzubauen. Dazu eignen sich nicht nur Schilder und Wegweiser, sondern auch Bauwerke, Denkmäler, Geländeeigenheiten, Personen, Skulpturen, Merkmale und viele andere Dinge mehr. Wenn diese dann auch noch aufgesucht werden müssen, ist der Spaß um so größer. Damit muss der Cacher auch vor Ort recherchieren, um den Cache zu finden.

**Beispiel Cache Kesselberge**

Dieser Traditionelle Cache hat eine Bewertung von 3,5/2,5. Der Schwierigkeitsgrad liegt also bei 3,5.
Die Aufgabenstellung ist: Finde einen Berggipfel in einem Waldstück. Dazu erhält man nur die Parkplatzkoordinate und einige Hinweise.

Originaltext:
*An der Koordinate befindet sich ein schöner Platz zum Parken, gleich hinter dem Forsthaus.*
*Gehe nicht nach Westen oder Süden. Gehe nicht in das Dorf. Gehe nicht in das Naturschutzgebiet. Gehe nicht weit in das Versuchsgelände hinein. Gehe in keinen Laubwald. Suche den höchsten "Berg" in der Nähe. Ein "Gipfel" , ein "Kreis von Bäumen", im Brennpunkt der Cache.*

Dies ist eine relativ schwierige Aufgabenstellung. Lösbar ist sie nur unter Zuhilfenahme einer topografischen Karte. In dieser müssen die Höhen und Gipfel exakt eingetragen sein.

*Cache Kesselberge*

Wie bin ich nun vorgegangen? Zu allererst habe ich auf einer topografischen Karte im südlichen Umland von Berlin in einem Gebiet von 100x50 Kilometern nach Erhebungen gesucht. Mein Ziel war die Suche von schönen Bergen in der Gegend, welche etwas abseits lagen. Berge ist natürlich übertrieben, da das südliche Umland nur Höhen bis 150 Meter bietet. In den elektronischen topografischen Karten ab Version 3 kann man dazu sehr gut die Funktion 'Schummerung' nutzen. Nachdem ich die Kesselberge ausgesucht hatte, bereitete ich einen Traditionellen Cache vor und fuhr in diese Gegend. Außerdem druckte ich mehrere Karten in verschiedenen Maßstäben zum Zielgebiet aus.
Ich umrundete das Gebiet großzügig und entschied mich für einen schönen Parkplatz an einem Forsthaus. Dies war auch ein idealer Platz für ein Picknick. Die Suche nach dem Gipfel gestaltete sich recht einfach. Es waren 1,5 Kilometer Fußweg zurückzulegen. Die letzten 300 Meter ging es durch ziemlich hügeliges Gelände und

direkt durch den Wald. Fast direkt auf dem Gipfel, welcher vollkommen bewaldet war, fand ich eine geeignete Mulde. Da Caches nicht vergraben werden sollen, bastelte ich eine kleine Mulde mit dem Klappspaten und befestigte die Ränder mit den umherliegenden Ästen. Auch Material zur Abdeckung lag genug umher. Ich kürzte einige dickere Äste, damit eine festere Abdeckung über dem Cache zu liegen kam. Das Ganze habe ich zum Schluss mit etwas Sand und den umherliegenden Blättern und Ästen abgedeckt. Der Cache konnte nun also ohne Schaufel gehoben werden. Durch den sandigen Boden und die Gipfelnähe war auch nicht zu befürchten, dass der Cache im Wasser liegen würde, wenn es dauerhaft regnet.
Ich nahm die Position als Wegpunkt und notierte mir die Koordinate sicherheitshalber auch auf meinem Kartenausdruck. In der näheren Umgebung suchte ich dann noch einen markanten Punkt. Etwa 50 Meter weiter fand ich an einer kleinen Weggabelung einen niedrigen Jagdsitz. Diesen nahm ich ebenfalls als Wegpunkt auf.
Auf dem Rückweg erkundete ich dann die nähere Umgebung und entdeckte das Versuchsgelände einer Firma und einen kleinen Bach. Auch zeigte sich, dass das Waldstück aus Nadelwald bestand und sich daran ein Naturschutzgebiet und ein Laubwald anschloss. Unterwegs machte ich mir dann auch Gedanken über die zu stellende Aufgabe. Die Koordinate vom Parkplatz notierte ich mir ebenfalls als Wegpunkt. Von allen wichtigen Stellen machte ich Fotos.
Zu Hause wertete ich meine Informationen aus und beschloss, eine etwas schwierigere Aufgabe daraus zu machen. Leider hatte ich die Aufgabe im ersten Stadium zu schwer gestaltet, so dass ich noch weitere ergänzende Hinweise nach den ersten erfolglosen Logs hinzufügte.
Originaltext:
*Der Gipfel ist 74,2 Meter hoch. Die Topo50-Karten helfen sehr! Innerhalb des Baumkreises befindet sich eine große Mulde (fast so groß, wie der Baumkreis, ca. 1,5 Meter im Durchmesser). In der Nähe des Caches befindet sich eine kleine Wegkreuzung. Dort ist ein "Holz-Sitz", welcher eingezäunt ist. Vielleicht ca. 30 bis 80 Meter entfernt. Der Cache ist vom Parkplatzpunkt genau 1,385 km Luftlinie entfernt.*

Mit diesen Hinweisen gelang es dann auch, den Cache einfacher zu finden. Die Hinweise habe ich unter 'HINTS' eingefügt. Wer also nach der schwierigen Variante vorgehen wollte, konnte dies weiterhin tun. Der Cache liegt sehr abseits, trotzdem haben ihn schon einige Cacher gesucht.

## Verstecken von Multicaches

### Einfacher Multicache

Ein Multicache übt einen besonderen Reiz auf die Cachegemeinde aus. Multicaches sind meist anspruchsvolle Caches, welche als Anfänger mit Respekt betrachtet werden. Die Suche eines Multicaches gestaltet sich entsprechend aufwendiger, da mehrere Stationen zu suchen sind. Einfache Multicaches verwenden sehr oft Microcaches als erste Stationen. Auch virtuelle Stationen können in einen Multicache eingebaut werden Schilder, Steine, Gedenktafeln oder Ähnliches werden oft in einen Multicache eingebaut. Nachfolgend wird ein einfacher Multicache ohne zusätzliche Aufgaben beschrieben. Er soll aus zwei Microcaches bestehen, welche die Koordinaten des Hauptcaches beinhalten.

### Vorbereitung

Der Hauptcache sollte ein gut ausgestatteter Traditioneller Cache sein, damit sich die Suche nach ihm über mehrere Stationen auch lohnt. Die beiden Microcaches kann man am besten aus Filmdosen von Negativ- oder Diafilmen basteln. Im einfachsten Fall kommt dann in diese Filmdosen ein kleiner Zettel. Wer den Cache besser vorbereiten will, wird erst die Location aufsuchen, den Hauptcache verstecken und die Microcaches danach vorbereiten. Dann können die Koordinaten gedruckt und einlaminiert werden und sind dadurch bedeutend länger haltbar und lesbar.

### Location und Verstecken

Der komplette Multicache wird in diesem einfachen Fall in einem kleinen Gebiet ausgelegt. Dazu muss ein entsprechend großes Areal gesucht werden. Die Microcaches können natürlich beliebig weit vom Hauptcache entfernt liegen. Es macht aber wenig Sinn,

für die sehr kleinen Microcaches extra lange Anfahrtswege zu planen. Gut geeignet ist ein Areal, in welchem die drei Cacheteile komplett versteckt werden können.
Zuerst wird ein geeigneter Platz für den Hauptcache gesucht und dieser versteckt. Die ermittelte Koordinate wird als Wegpunkt gespeichert und extra aufgeschrieben.
Die Koordinate für den Breitengrad kommt in den einen Microcache und die Koordinate für den Längengrad in den anderen.
Nun müssen noch geeignete kleine Verstecke für die Micros gefunden werden. Dabei muss beachtet werden, dass Tiere solche kleinen Caches sehr leicht aufstöbern und aufbeißen oder verschleppen können. Geeignete Verstecke sind also abdeckbare Felsspalten, Hohlräume in alten Wurzeln, Rindenzwischenräume, jede Art von Pfählen, Stangen, Mauerritzen, Steine und ähnliche Zwischenräume.
Die Koordinaten der Microcaches und ein paar Bilder werden dann für die Veröffentlichung benötigt. Die Beschreibung muss beim Multicache immer etwas genauer ausfallen.

**Veröffentlichung des Multicache**

Die Veröffentlichung des Caches erfolgt genauso wie bei einem Traditionellen Cache. Nur die Art des Caches ändert sich. In der Beschreibung werden dann nur die Koordinaten der beiden Microcaches angegeben. Eventuelle Bilder sollten als Spoilerbilder klar gekennzeichnet werden. Gerade Microcaches bedürfen einer genauen Beschreibung. Bei einer schlecht aufgenommen Koordinate müssten sonst viele Quadratmeter nach der kleinen Filmdose abgesucht werden.

**Komplexer Multicache**

Einen komplexen Multicache zu legen, bedeutet eine Menge Arbeit. Am besten legt man diesen in einer Gruppe oder wenigstens zu zweit. Dann kann man sich die Arbeit teilen und macht weniger Fehler. Ein großer Multicache kostet natürlich auch etwas mehr. Die Kosten steigen je nach Anzahl und Ausstattung der Stationen auf ein Vielfaches des Traditionellen Caches. Große Multicaches sind noch relativ selten, aber auch beliebt.

**Vorbereitung**

Die Vorbereitung eines komplizierten Multicaches ist umfangreich und muss detailliert erfolgen. Beispielhaft werde ich den Cache 'Die geheimnisvolle 8' hier einflechten, um den Bezug zur Ausführung besser darstellen zu können.

*Beim Legen von Cache 1 'Die geheimnisvolle 8'*

Am Beginn sollte die Idee stehen. Ein Multicache kann verschiedene Arten von Caches beinhalten. Man kann die einzelnen Stationen sehr unterschiedlich gestalten. Ein Motto sollte der Cache auch haben. Entweder bezieht sich das Motto auf die Art des Caches, auf die Aufgabenstellungen oder auch auf die Gegend. 'Die geheimnisvolle 8' hat als Thema die Märkische Heide und Fontanes Beschreibungen darüber.

Die zweite Festlegung gilt der Anzahl der Cache-Stationen. Bei einem komplexen Cache können das schon einmal bis zu 15 Stationen und mehr sein. Diese müssen nicht zwangsläufig alle gefunden werden. Ich habe mich für 8+1 Stationen entschieden. Die +1 bedeutet, dass ein bestimmter Cache einen alternativen Cache erhalten hat, weil er sehr schwer zu finden ist. Die Stationen sollten so verteilt werden, dass das Thema des Caches umgesetzt

werden kann.
Hat man die Stationen festgelegt, muss eine Lösungsstrategie her. In welcher Reihenfolge sollen die Caches gefunden werden? Müssen alle aufgesucht werden? Sind die Caches aufbauend aufeinander oder können sie unabhängig voneinander gesucht werden? Aufeinander aufbauende Caches sind nicht gern gesehen, da man immer von Cache zu Cache wandern muss und nicht flexibel ist.
Lösungsstrategien gibt es viele, hier einige Beispiele:

1. An jeder Station wird der Teil eines Lösungswortes versteckt. Das Ergebnis führt zur Lösung der Zielkoordinate.
2. Jeder Teilcache enthält eine oder mehrere Ziffern der Zielkoordinaten.
3. Cachegruppen werden als Level dargestellt. Die Suche erfolgt Levelweise. Mit jeder erfüllten Levelgruppe steigt man in die nächste Ebene auf.
4. Die Caches enthalten Zahlen, aus welchen sich die Richtungen zu anderen Stationen berechnen lassen.
5. Die Stationen enthalten Gegenstände, die zur Lösung benötigt werden (z.B. Schlüssel, Schablonen, Puzzleteile). Die Gegenstände sind entweder mehrmals vorhanden oder müssen in andere Stationen wandern.

Die Vorgehensweise ist immer ähnlich, da ein Multicache immer ein aufbauendes System ist. Die Einzelaufgaben können jedoch sehr gut variiert werden. Eine Mischung verschiedener Startegien ist denkbar.
Beim Multicache 'Die geheimnisvolle 8' sind in den Stationen Ziffernfolgen enthalten, durch welche die Richtungen zum Hauptcache berechnet werden können. Da sich eine Standortfeststellung bereits durch den Schnitt zweier Linien ergibt, sind von sechs Lösungen drei absichtlich falsch dargestellt. Zusätzlich benötigt man immer aus mehreren Stationen die Ziffern, um eine Richtung zu berechnen. Zwei Teilcaches sind außerdem als kleine Multicaches angelegt. Diese sind dann aufeinander aufbauend, d.h., dass erst der eine Cache gefunden werden muss, um an Informationen für den zweiten Cache zu kommen. Die Abhängigkeit besteht aber immer nur zwischen maximal zwei Caches.

Ziel war es, dafür zu sorgen, dass alle Caches gefunden werden müssen, bevor eindeutig ist, wo der Hauptcache liegt.
Damit steht die Lösungsstrategie fest.

*Rudi - Das Wappentier vom Multicache 'Die geheimnisvolle 8'*

Der nächste Schritt ist die Festlegung der Einzelaufgaben zu den Caches. Es würde genügen, die Koordinaten der Stationen anzugeben. Dies wäre jedoch dann relativ einfach. Bedeutend interessanter ist das Zuweisen bestimmter Einzelaufgaben. Dies hat zur Folge, dass man den Teilcache als interessanten Einzelcache veröffentlichen kann und er bereits allein einen gewissen Schwierigkeitsgrad aufweist. Bei der Veröffentlichung von Stationen eines Multicaches sollte der gesamte Multicache bereits vorbereitet sein. Der Name und die Beschreibung sollten den Teilcache eindeutig als Teil eines komplexen Multicaches ausweisen. Das ist deshalb so wichtig, da es in der Vergangenheit des öfteren dazu kam, dass Traditionelle Caches zu einem späteren Zeitpunkt in Multicaches eingebaut wurden. Die Traditionellen Caches wurden von den Cachern jedoch schon gefunden und enthielten nun neue Informationen, um den Multicache zu lösen. Dies bedeutete, dass der

Cacher den bereits geloggten Cache erneut anlaufen musste und er entsprechend frustriert darüber war. Wird der Cache jedoch von Anfang an als Teil des Multicaches ausgewiesen, stellt dies kein Problem dar. Beim Multicache 'Die geheimnisvolle 8' sind vier von sieben Stationen als Traditioneller Cache und zwei als kleine Multicaches veröffentlicht worden. Da viele Cacher auch Wert auf ihre Statistik legen, ist diese Vorgehensweise günstig.
Die Einzelaufgaben des Multicaches 'Die geheimnisvolle 8' sind sehr unterschiedlich:

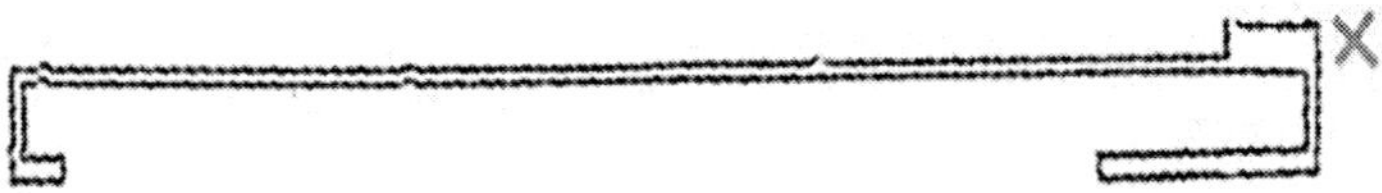

*Skizze zu Cache 1 'Die geheimnisvolle 8'*

1. Teilcache (Level 3,5/2)
Der Anfang ist bereits schwierig. Aus einer topografischen Landkarte wurde die Form eines markanten großen Objekts abgezeichnet und nur ein zusätzlicher Hinweis auf die ehemalige Nutzung in Form eines Namens gegeben. Nur mit diesen beiden Informationen ist es möglich, den Standort zu finden. In der Skizze wurde weiterhin nur ein kleines Kreuz für den Cacheort gezeichnet. Dieser Cache ist vollkommen ohne GPS zu finden. Zur Lösung muss man die Information heranziehen, dass der Cache in der Märkischen Heide liegt, und kann dann in einer topografischen Karte das Gebilde suchen. Mit dem Namen kann im Internet die Richtigkeit verifiziert werden. Die Internetsuche gestaltet sich aber recht kompliziert. Findige Cacher haben die Lösung aber dennoch sehr schnell gefunden.

*Suchpunkt auf der Straße im Dorf von Cache 4*

2. Teilcache (Level 2/2,5)
Diese Station ist kein Traditioneller Einzelcache, sondern eine Sonderaufgabe im Multicache. Mit den Informationen aus dem ersten Cache findet man über Logik und eine Richtung den Ort. Hier der Originaltext:

*Im Startcache hast du die Zahlenkombination ABC/DEF gefunden. Ich stehe am Startcache. Wenn ich so auf meine Uhr schaue, so kurz vor 8, könnte ich doch glatt einen Berg erkennen. Leider kann ich nicht weit genug sehen! Es müssten mehr als F Kilometer sein. Da hilft nur hinfahren ;-)*
*Ist aber auch eine sandige Gegend. Mein Rad müsste ich schon schieben. Zum Glück hab ich es nicht mit. Auf meinem Weg dorthin liegt so etwas wie Spannung in der Luft. Etwa 100 Meter vom Gipfel entfernt steht ein Hochsitz. In der Nähe ist ein Baum ;-) An diesem liegt der Teilcache. Siehe einfach die Bilder 3 bis 5.*
*Übrigens: Der Berg hat den gleichen Anfangsbuchstaben wie das schwarze Tier ;-)*
*Und: Schaut mal exakt in Richtung Norden. Da findet ihr eine kleine Stadt und einen schönen See mit Schloss.*

Man benötigt zur Lösung immer noch kein GPS, kann es aber für die Suche um den Gipfel gut gebrauchen.

3. Teilcache (Level 3/2)
Dieser Cache benötigt auch die Startposition aus dem ersten Cache. Mit dieser Koordinate, den gefundenen Zahlen und einer kleinen, aber verzwickten Aufgabe gelangt man in eine kleine Stadt in der Nähe des Caches. In dieser Stadt muss eine Tierskulptur gesucht werden, was aber kein Problem ist, da dieser Ort sehr klein ist. In der Nähe des Tieres kann man eine Zahl finden, die dann den weiteren Weg zum Cache zeigt. Die meisten Cacher übetragen nach der Berechnung ihre Lösung dann in das GPS-Gerät und begeben sich zum Zielort. Bilder helfen dann, den Cache ohne Schwierigkeiten zu entdecken.

4. Teilcache (Level 2,5/1,5)
Mit etwas Internetrecherche findet man ein Dorf in der Märkischen Heide. Die wenigen Informationen dazu genügen bereits. In diesem Ort muss ein Punkt aufgesucht werden, der eindeutig zu finden ist. Von diesem Punkt aus kann die Koordinate, auch von unterwegs aus, berechnet werden. Bilder helfen wieder, den genauen Standort zu finden.

5. Teilcache (Level 1/2,5)
Ein einfach zu findender Teilcache mit Angabe der Koordinate. Ein langer Waldspaziergang und ein kleiner Hang, in dem der Cache liegt, machen beim Gelände die 2,5 aus.

6. Teilcache (Level 2/4)
Die sechste Station hat es in sich. Diese ist als Multicache angelegt. Es wird eine nahe Koordinate angegeben. Für die Berechnung der genauen Koordinate benötigt man auch die Zahlen aus den Caches Drei und Vier. Ein Probieren wäre zwar möglich, aber recht mühsam, da dieser Cache ein echter Unterwassercache ist. Um es trotzdem nicht allzu schwer zu machen, ist der Cache in Ufernähe an einem Steg versteckt. Deshalb nur eine 4 als Geländelevel. Die Bauweise des Unterwassercaches wird weiter hinten beschrieben. In dem Cache erhält man die Information zu dem zwei-

ten Teil dieses Multicaches. Durch eine kleine Rechenaufgabe kann die Position bestimmt werden. Die Zusatzaufgabe in diesem Cache wird nachfolgend beschrieben.

*Suche nach einem Ort für Cache 5*

6. alternativer Teilcache (Level 4/1,5)
Damit der gesamte Multicache nicht von einem einzigen Unterwassercache abhängig ist, gibt es eine Alternative dazu. Diese Alternative ist sehr schwer zu lösen. Es ist ein zweiteiliger kleiner Multicache. Über ein Bild muss ein Ort ermittelt werden. Diese Anfangshürde ist schon sehr schwierig. Danach benötigt man auch noch nautische Karten, um an die Antworten zu gelangen.

7. Teilcache (kein Level)
Die 7. Station ist kein realer Cache. Man könnte ihn als Virtuellen Cache benennen. In Teil Sechs gilt es, ein Objekt zu suchen, welches in einem kleinen Ausschnitt auf einem Bild dargestellt ist. Eine relativ einfache Aufgabe. Sie ist als zusätzlicher Anreiz für die Suche nach dem Unterwassercache gedacht, da nur dadurch die Position des Objekts ermittelt werden kann.

*Rätselbild aus Cache 6 Alternativ 'Schiff in der Stadt'*

8. Teilcache - Hauptcache (Level 5/5)
Der Hauptcache ist die Zusammenfassung aller Aufgaben und das Berechnen des Hauptcaches selbst. Dazu wird durch die Schnittpunktermittlung aus den Teilcaches ein Technisches Objekt gefunden. Über eine kleine Zusatzaufgabe kann dann der Hauptcache gesucht werden. Der Hauptcache ist größer, als die Teilcaches, und beherbergte am Anfang auch einen Travelbug. Dies ist für viele Cacher auch ein weiterer Anreiz.

Damit ist der komplette Multicache vorbereitet. Damit man den Cache auch zu Hause geschlossen vorbereiten kann, sollte man anstatt von Koordinaten, direkten Hinweisen oder Richtungen, einfach Zahlen als Informationsquelle benutzen. Dann kann man alles vorbereiten und parallel verstecken, ohne auf die genauen Positionen der Verstecke angewiesen zu sein. Wenn zum Beispiel ein einfacher Zweier-Multicache aufeinander aufbaut und der erste Cache die Koordinate des zweiten Caches enthalten soll, reicht es aus, irgendeine Zahlenkombination mit in den ersten Cache zu legen. Wenn beide Caches dann gleichzeitig vor Ort ausgelegt werden, kann in der späteren Beschreibung eine einfache Rechenaufgabe zur gewünschten Koordinate führen. Darin wird einfach die im ersten Cache gefundene Zahl verarbeitet. Dies macht Sinn, wenn man seine Zahlen z.B. einlaminiert. Man müsste ansonsten erst den zweiten Cache legen, um die genaue Koordinate in ersten Cache zu plazieren.

*Märkische Heidelandschaft*

## Location

Das Gebiet des Multicaches kann bei komplexen Caches auch etwas größer gewählt werden, da der Cache nicht an einem Tag gehoben werden kann. Ansonsten muss bei verschiedenen Berechnungen darauf geachtet werden, dass diese sich durch die Cachelage nicht überschneiden. Dies ist z.B. bei zu berechnenden Richtungen der Fall. Die Caches müssen dann so verteilt liegen, dass vernünftige Schnitte entstehen und die Caches nicht alle in einer Linie liegen. Mindestabstände bei Einzelcaches müssen eingehalten werden, wenn diese einzeln veröffentlicht werden sollen. Ein komplexer Multicache sollte in zwei bis drei Tagen machbar sein. Sonst wird er nur für Cacher aus dem regionalen Bereich interessant.

## Besondere Caches

### Nachtcache

Nachtcaches sind besonders beliebt. Wahrscheinlich, weil das Abenteuererlebnis in der Nacht viel größer ist und die Angst im Wald oder anderen abgelegenen Gebieten doch eine Rolle spielt. Die Vorbereitung und die Kontrolle von Nachtcaches ist etwas zeitaufwendig und nur erfahrenen Cachern zu empfehlen. Die Komponenten eines Nachtcaches können sehr unterschiedlich sein. Angefangen von Microcaches mit Reflektorfolie, bis hin zu aktiven LED-Lichtern, welche beim Anleuchten eine Weile eingeschaltet werden.
Die Grundidee des Nachtcaches ist es, die Cachesuche in die Dunkelheit zu verlegen und mit dem Aufbau des Caches dafür zu sorgen, dass er am Tage nicht gefunden wird. Man muss also mit Taschenlampen bewaffnet in die Dunkelheit losziehen. Der Nachtcache wird in den meisten Fällen ein relativ komplexer Multicache sein. Die Stationen des Nachtcaches sind durch Anleuchten zu finden. Im Folgenden werden Möglichkeiten für Leuchtcaches aufgezeigt.

### Reflektorfolie

Reflektierende Folie gibt es in den verschiedensten Ausführungen. Stark reflektierend und in den Farben Rot, Weiß und Gelb erhältlich, ist die Baufolie. Sie wird für Absperrungen und Kennzeichnungen von Fahrzeugen und Baugeräten verwendet und hat sehr gute mechanische Eigenschaften.
Auch Folie für die Herstellung von Angelblinkern und Pilkern ist sehr gut geeignet. Es gibt unterschiedliche Farben und Muster im Angelbedarf zu kaufen.
Man kann auch auf Stoffe reflektierende Folien aufbügeln. Diese kann dann in durchsichtige Behälter eingelegt werden.
Am besten zum örtlichen Schilderhersteller gehen. Dieser hat bestimmt Reste von Reflexfolie für diese Zwecke.
Mit der Folie können nun Filmdosen oder andere kleine Behälter beklebt werden. Diese Behälter enthalten dann Lösungen oder Hinweise für die weitere Suche. Auch ein 'Hangeln' von Reflektor zur Reflektor ist möglich. Die Folie kann auch auf die Rückseite

eines Stück bedruckten Papiers geklebt und einlaminiert werden. Dann steht auf der bedruckten Seite die entsprechende Information oder die nächste Koordinate.

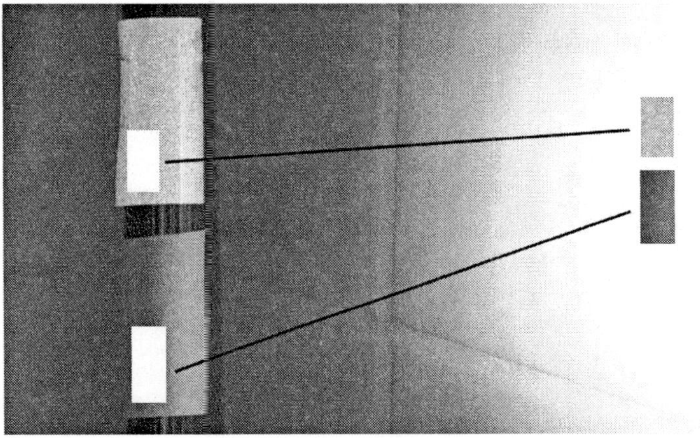

*Unterschied zwischen weißem Papier und Reflektorfolie (oben)*

**Reflektoren**

Reflektoren gibt es im Auto-, Motorrad- und Fahrradfachhandel am günstigsten. Die Vorteile von festen Reflektoren sind gute Stabilität, gute Reflexion und lange Haltbarkeit.

**LED-Lampen**

Dauernd oder im Intervall leuchtende LED-Lampen können an manchen Stellen ebenso eingesetzt werden. Hierbei gilt es jedoch, mehrere Probleme zu beachten. An vielen Stellen, die von Nichtgeocachern ebenfalls begangen werden, sind solche Lampen nicht einsetzbar, da sie zu viel Aufmerksamkeit auf sich ziehen und daher nicht lange an ihrem zugedachten Ort verbleiben. Weiterhin muss die Stromversorgung der LED-Lampen sichergestellt werden. Eine leistungsschwache LED mit Intervallansteuerung, welche nur kurze Hellphasen hat, verbraucht sehr wenig Strom und kann daher mit normalen Batterien ziemlich lange betrieben werden. Hier ist der reale Stromverbrauch ausschlaggebend für die notwendige Kapazität der Batterie. Eine optimale Lösung stellt dann die Versorgung über Solarzellen mit Akkupufferung dar. So ein System kann jahrelang ohne Wartung funktionieren, wenn sichergestellt wird, dass die Solarzellen nicht verschmutzen und das Gerät wasserdicht ist. Der Akku wird als erstes seinen Geist aufgeben. Bei Nässe korrodiert das Ganze innerhalb weniger Tage oder Wochen.

**Aktive Lichter**

Die besondere Ausführung eines Nachtcaches erfolgt mit aktiven Lichtern. Diese Geräte schalten sich erst ein, wenn ein starker Taschenlampenstrahl darauf fällt. Es gibt verschiedene Lösungen zur Realisierung eines aktiven Lichts. Entweder werden Schwellschalter eingesetzt, die einen plötzlichen Lichtstärkewechsel registrieren und eine LED einschalten, oder es werden lichtempfindliche Halbleiter eingesetzt, welche bei einer bestimmten Helligkeit einen Schaltvorgang auslösen. Die zweite Art muss dann zusätzlich mit einem Dämmerungsschalter versehen werden, der das aktive Licht erst in der Dunkelheit scharf schaltet. Die Stromversorgung und der wasserdichte Aufbau müssen ebenso gewährleistet sein.
Die notwendigen Bauanleitungen und Bausätze sind über die einschlägigen Elektronikhäuser beziehbar.

**Unterwassercache**

Unterwassercaches sind noch recht selten. Dies liegt vielleicht zum einen an der komplizierten Technik - der Cache soll ja trocken bleiben - zum anderen an der etwas schwierigeren Ausbringung.
Der Bau eines Unterwassercaches ist nicht so kompliziert, wie vielleicht angenommen. Da der Cache dauerhaft wasserdicht sein sollte, kommen nur spezielle Behältnisse in Frage. Es gibt bestimmte Outdoorbehälter, welche wasserdicht sind. Sie haben den Nachteil, dass sie allesamt sehr teuer sind und daher als Cache in den seltensten Fällen benutzt werden. Es muss also eine preiswerte und trotzdem praktikable Lösung her.

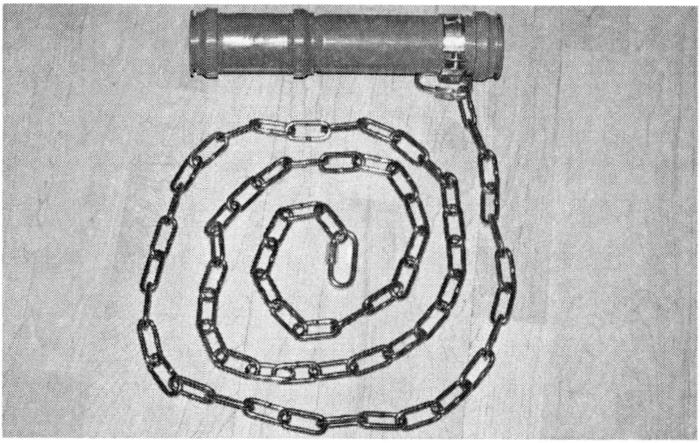

*Der Cache ohne Beschwerung*

Alle Behälter aus Glas scheiden von vornherein aus, da sie bei Bruch eine ernsthafte Verletzungsquelle im Wasser darstellen. Der Selbstbau von Behältern aus Plexiglas oder anderen Stoffen dürfte auch immer aufwendig und teuer sein.
Eine preiswerte Lösung aus dem Baumarkt ist der Rohrcache. Dieser kann aus Standardelementen von Entwässerungsrohren gebastelt werden und ist daher nicht sehr teuer. Folgende Materialien werden benötigt:

- Rohrstück DN 50 mit Muffe und Verjüngung (25cm)
- Rohrstück mit 2 Muffen (10cm)
- 2 Endkappen (+ evtl. eine Zusatzdichtung)
- 1 Wandbefestigung für Rohr DN 50
- Nirokette (200cm oder mehr)
- Schraubkettenglieder (2 Stück)
- alter Kanister oder ähnliches
- Beschwerung (Betonklotz mit Öse o.ä.)

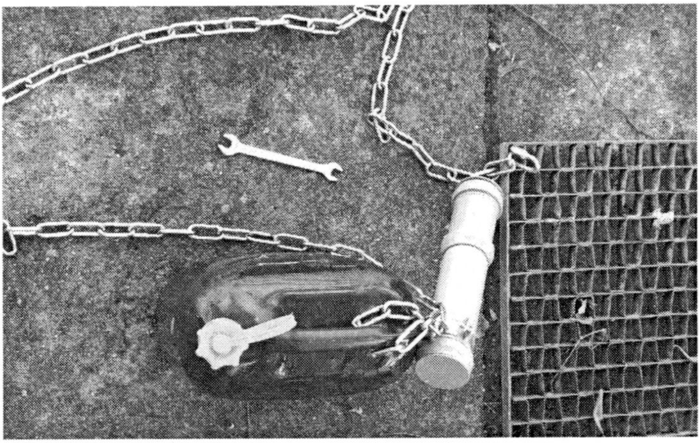

*Der Cache mit den Beschwerungen*

Aus diesen 'Zutaten' kann man einen einfachen Unterwassercache zusammenbauen. Die zwei Endkappen werden jeweils auf ein Rohrstück gesetzt und das lange Rohrstück bekommt an dem verjüngten Ende etwa 3cm vom Ende entfernt noch eine zusätzliche Bohrung. Damit wird verhindert, dass beim Zusammenstecken zuviel Luft zusammengepresst wird und vielleicht eine Endkappe aufgeht. Der Cache wird immer nur an den beiden zusammengesteckten Rohrstücken auseinandergezogen. Die Endkappen wären ohne Werkzeug nicht zu öffnen. Damit der luftgefüllte Cache am Grund liegen bleibt, muss er sehr nah an einem schweren Gegenstand befestigt werden. Dazu dient der Kanister, welcher vorher mit kleinen Steinen und Sand randvoll gefüllt wurde. Den Rest dann noch mit Wasser auffüllen. Der Kanister muss den Cache sicher auf den Boden ziehen. Dies ist äußerst wichtig, damit sich Schrauben von Bootsmotoren nicht in der Kette verfangen können.
Der Cache selbst kann nur über die Schelle mit der Kette verbunden werden, da das Material der Entwässerungsrohre nicht verklebt werden kann. Der Cache sollte nicht in tiefem Wasser gelegt werden, da es sonst Probleme damit geben kann, den Cache an einer Stelle zu halten. Das Gewicht müsste zu groß sein und wür-

de dann auch nur durch einen Taucher per Seil und Boot gehoben werden können. Besser ist es, den Cache mit einem zweiten, etwas schwereren, Gewicht zu fixieren und eine der Wassertiefe angepasste Kette anzuschäkeln. Die Kette sollte so lang sein, dass der Cache in ein kleines Boot mit nicht zu hohem Freibord gehievt werden und dort geöffnet werden kann. Andererseits sollte das zweite Gewicht auch nicht zu groß gewählt werden, da es ja auch wieder geborgen muss und sei es, um den Cache zu archivieren.

**Location**

Bei der Wahl der Location sind einige Dinge zu beachten. Der Cache darf nicht in Fahrwasserbereichen der Schifffahrt und nicht in Bereichen mit Sportbootverkehr gelegt werden. Auch sind alle anderen gefährlichen Bereiche zu meiden. Die angepeilte Stelle sollte also einfach zu erreichen sein. Wenn ein Boot oder Taucherausrüstung notwendig sind, muss dies genau angegeben werden. Beim Gewässergrund ist darauf zu achten, dass dieser nicht schlammig oder stark bewachsen ist. Im ersteren Fall wird der Cache sonst einfach auf ein Nimmerwiedersehen darin versinken und im zweiten Fall ist er nur im Winter zu sehen. Und wer geht schon im Winter baden? Also sind kiesige Untergründe immer noch am besten geeignet, um einen Unterwassercache zu legen. Flüsse scheiden grundsätzlich aus, da durch die Strömung ein genaues Versenken kaum möglich und ein Abtreiben so gut wie nicht unterbunden werden kann. Das nächstgrößere Treibgut, welches auf dem Boden entlangschürft, wird den Cache ein paar Meter oder Kilometer versetzen. Badestellen sollten ebenfalls gemieden werden, es sei denn, man ist auf sehr viel Zufallsfunde aus.

**UW-Cache als Multicache**

Wenn es Probleme mit der Wasserdichtigkeit geben sollte oder nur aus Gründen der Vorsicht, kann man aus der Not eine Tugend machen. Der Unterwassercache wird Teil eines kleine Multicaches. In dem Unterwassercache werden nun nur noch die Koordinaten des Hauptcaches angegeben. Dabei kann man diese Information wasserdicht gestalten und den Cache selbst nicht wasserdicht bauen. Damit entfallen viele Probleme. Es ist zum Beispiel möglich, eine Koordinate mehrfach einlaminiert in einem Unterwassercache zu deponieren. Man kann auch seine Fantasie spielen lassen und einfach zwei wasserunempfindliche Gegenstände in den Cache legen. Diese werden in ein Rätsel eingebaut, dessen Lösung zum Hauptcache führt.

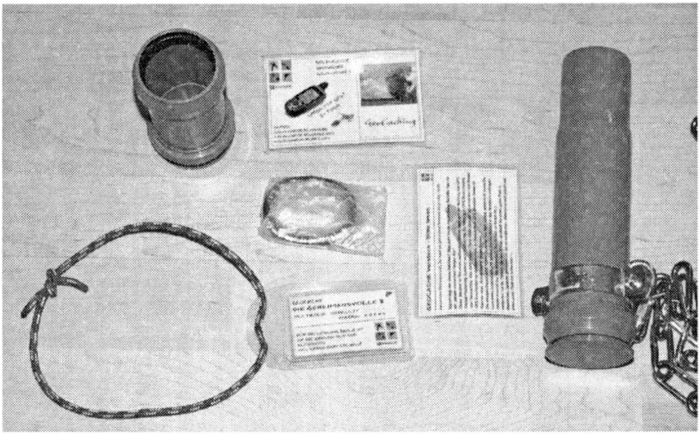

*Inhalt eines Unterwassercaches, zusätzlich wasserdicht einlaminiert*

## Tipps und Tricks zum Verstecken

### Verstecke im Wald

Eine Regel beim Geocachen lautet, keine Caches zu vergraben. Es gibt darüber geteilte Meinungen, aber es gibt auch viele Lösungen, um ein Vergraben zu vermeiden. Am einfachsten ist es, sich vorhandene natürliche Hohlräume in Wurzeln und Bäumen zu suchen. Oftmals sind aber gerade in der Zielgegend keine zu finden. In geschützten Naturräumen ist es streng untersagt, irgend etwas zu vergraben, im normalen Wald jedoch kann es nicht stören, ein Cacheversteck etwas herzurichten.
Eine Variante ist das Versteck mittels Faschinen. Eine Vertiefung, welche an allen Seiten fünf bis 8 Zentimeter größer als die Dose sein sollte, wird ausgehoben. Der Boden ringsherum sollte halbwegs fest sein, damit es einfacher geht. Aber im Sandboden

funktioniert es auch, wenn man etwas größere Sorgfalt an den Tag legt. Über der Dose sollten etwa 10 bis 15 Zentimeter Platz sein. Nun braucht man genügend kleine Hölzer, welche in einem Wald aber zu finden sein dürften. Die Hölzer müssen einigermaßen gerade sein. Für die Seiten werden die Hölzer entsprechend gekürzt. Zuerst werden die beiden langen Seiten gebaut. Dazu drei senkrechte Hölzer etwas in den Boden schlagen. Ein etwas größeres Stück Holz reicht dazu aus. Mit dem Messer kann man die Hölzer unten leicht anspitzen, dann geht es leichter. Nun die längeren Hölzer als Faschine einbauen. Die beiden kurzen Seiten dienen gleichzeitig als Stütze für die langen Seiten, so dass der ganze Kasten nicht in sich zusammenfällt. Man kann noch ein breiteres Stück Holz mittig zwischen die beiden langen Seiten klemmen. Die Dose muss man dann darunter schieben. Für die Abdeckung benötigt man nun ein Stück Brett oder besser ein Stück wasserfest verleimtes Birkenholz. Dieses gibt es preiswert im Baumarkt, machmal auch als Abfallstück. Die seitlichen Faschinen dürfen nicht bis zur Waldbodenkante hochgezogen werden, da hier noch das Brett und eine Schicht Moos, Laub und Äste darauf sollen. Am besten sind noch zwei oder drei schwere Steine, damit Tiere nicht so leicht an den Inhalt kommen. Diese sollte man aber unterwegs schon einsammeln, da im Wald oft Mangelware.

Eine weitere Möglichkeit ist das Eingraben einer kleinen Kiste, an welcher sich der Deckel nach Beseitigung einer Tarnschicht öffnen lässt. Sehr gut geeignet sind hier etwas größere Ammokisten aus Blech. Das Blech wird naturgemäß irgendwann einmal korrodieren und sollte entweder vorab gut geschützt oder die Kiste nach einiger Zeit eben ausgewechselt werden. Kisten aus Holz sind auch möglich, verrotten aber schneller im feuchten Waldboden.

Plastikkisten sind ebenfalls ein ideales Versteck, wenn sie nicht zu groß gewählt werden. Denn auf Grund ihrer Bauweise, sind die meisten Plastikkisten eher als Fall, denn als Cachebehausung zu gebrauchen. Bei allen geschlossenen Kisten muss darauf geachtet werden, dass sich im Boden ausreichend viele Löcher für einen Wasseraustritt befinden. Sonst kann einmal eingedrungenes Wasser nicht mehr hinaus und es entsteht ein Minipool für Waldameisen. Die Brühe ist dann sicher beim Cache heben auch nicht gerade ansehnlich.

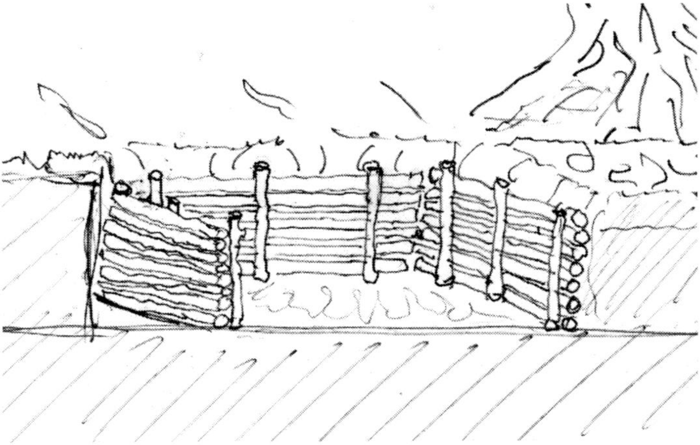

*Skizze Waldversteck mit Faschinen*

**Verstecke an Bauwerken**

Als Bauwerke sollen hier nicht nur Häuser, Brücken und ähnliche Gebilde stehen, sondern gerade alte Anlagenteile, Ruinen, überwucherte Becken, Treppen, Bunkeranlagen, Gruben, Schächte, Mastfundamente und ähnliche Reste von einstigen Bauwerken. Es versteht sich auch von selbst, dass an intakten Anlagen keine Veränderungen vorgenommen werden dürfen. Ebenso müssen gefährliche Ruinen, Bunker, Tunnel und Schächte gemieden werden. Es dürfen keine Gefahren für andere Geocacher entstehen. Sehr gut geeignet für Cacheverstecke sind einfache Betonteile. Man kann sie an einer Stelle leicht unterhöhlen und die Öffnung mit ein paar Betonbrocken oder anderem umherliegenden Material abdecken. Das Gleiche gilt für kleine Treppenabsätze und Fundamente an Kleinstbauten. Auch hier gibt es oft schon kleine Höhlen, die nur noch angepasst werden müssen. Stillgelegt Be- und Entwässerungsanlagen bieten oftmals eine Fülle von kurzen Rohrleitungsstücken. Hierbei sollte man darauf achten, dass sich das Versteck bei Regen nicht etwa in einen See oder einen reißenden Strom verwandelt.

**lost places**

Was sind 'lost places'? Die lost places oder 'Verlorenen Plätze' sind eine interessante Location für Geocacher. Lost places sind Plätze, die einmal vom Menschen zu unterschiedlichsten Zwecken genutzt wurden und nun verlassen sind. Die Natur gewinnt langsam aber sicher wieder die Oberhand und diese Plätze haben immer eine eigentümliche Ausstrahlung. Leider sind sehr viele lost places ein Stück militärische Geschichte, gleichfalls aber auch ein Mahnmal, das Vergangene nicht zu vergessen, sondern daraus zu lernen und Gleiches nicht zu wiederholen. Es gibt auch nicht-militärische lost places. Sie sind oft Zeugnis falscher Industrie- und Siedlungspolitik oder einfach nur so da.

Unter lost places kann man sich vorstellen:

- Geisterorte (verlassen oder umgesiedelt)
- alte Verkehrsanlagen (Autobahnen, Straßen)
- alte Bahnlinien und Bahnhöfe
- Flughäfen (zivile und militärische)
- alte Industrieanlagen (Fabriken, Bergwerke)
- alte Kraftwerke
- alte Wasserkraftanlagen, Staudämme
- alte soziale Einrichtungen (Krankenhäuser)
- alte Ferieneinrichtungen
- alte Tunnel, Brücken, Türme
- alte technische Anlagen
- alle alten militärischen Anlagen
- alte Festungen, Burgen

Ein gerade aktueller lost place entsteht am Flughafen Schönefeld in Berlin. Hier wird wieder einmal ein ganzes Dorf umgesiedelt, um den Interessen der Mehrheit gerecht zu werden. Die Mehrheit wird meist nur nicht gefragt. Das Dorf Diepensee (N52 22.057 E13 31.185) wird es in ein paar Monaten so nicht mehr geben. Wer zur Zeit dort durchfährt, sieht nur noch vereinzelte Lichter im Dorf. Auch diese werden bald ausgehen. Dieser lost place wird jedoch nur temporär existieren. Dann kommt der Großflughafenbau. Andere lost places existieren schon sehr lange und werden auch

zukünftig nur sehr langsam verändert. Meistens nur durch die Natur. Gerade im Gebiet der ehemaligen DDR sind sehr viele Gebiete durch die russische Armee genutzt worden. Diese sind zu einem Großteil zu lost places geworden. Viele dieser Gebiete sind jedoch nur eingeschränkt oder auch gar nicht betretbar, da Munition und Altlasten vorhanden sind. Es müssen also die aktuellen Vorschriften vor Ort erfragt werden. Einige Stücke werden nach und nach freigegeben. Dies hängt von der jeweiligen Belastung und Munitionsfreiheit ab.
An zivilen und allen zugänglichen lost places gibt es immer eine Vielzahl von Cacheverstecken und meist eine interessante Geschichte um den lost place dazu.

## Bewertung der Caches

Immer wieder gibt es Meinungsverschiedenheiten zur Bewertung des Schwierigkeitsgrades und des Geländelevels beim Anlegen eines Caches. Dabei ist dies relativ einfach. Da die meisten Cacher die Veröffentlichungen der beiden großen amerikanischen Geocachingseiten benutzen, sollte auch deren System verwendet werden. Es macht keinen Sinn, eigenständige Abweichungen zu erfinden, die aus dem subjektiven Empfinden heraus entstehen. Damit wird allen anderen Cachern die Chance genommen, sinnvoll zu vergleichen, denn keiner kann dann mehr genau einschätzen, nach welchen Maßstäben hier nun vorgegangen wurde. Es ist also besser, eine gleichbleibend subjektiv falsche Einschätzung auf Basis der angebotenen Formulare durchzuführen, als davon abzuweichen. Den normalen Menschenverstand kann man natürlich trotzdem eingeschaltet lassen und Abweichungen von einem halben Stern sind eher marginal. Zu beachten ist die Einschätzung 1 Stern beim Geländelevel. Dieser sollte nur vergeben werden, wenn der Cache uneingeschränkt rollstuhlgeeignet ist. Ansonsten wird ein Rollstuhlfahrer den Cache versuchen zu heben und kann ihn eventuell auf den letzten zwei Metern nicht erreichen. Da würde sich jeder Cacher drüber ärgern.
Zur Erweiterung der schon recht feingliedrigen Bewertungsskalen sollte jeder in seiner Cachebeschreibung einige zusätzliche Hinweise geben. Damit kann sich dann jeder Interessierte eine eige-

ne Meinung bilden. Je detaillierter diese Beschreibung ist, um so besser.
Wer z.B. die englische Beschreibung der Einstufung bei geocaching.com nicht genau versteht, kann auf die deutsche Ausführung der Seite geocaching.de wechseln und dort das Formular ausfüllen. Es ist zu finden unter 'Finden & Verstecken' und 'Bewertungssystem'.

# Die Cache - Community

## Foren und Mail

Um mit anderen Geocachern in den Erfahrungsaustausch zu treten oder nur um ein paar Fragen zu stellen, gibt es die Möglichkeit, die verschiedenen Diskussionsforen der Geocaching-Seiten www.geocaching.com oder www.navicache.com zu nutzen. Es gibt extra Unterrubriken für deutschsprachige User, so dass Englisch nicht notwendig ist. Weiterhin werden von regionalen Geocachern auch Newsgroups angelegt, welche in den anderen Foren erfragt werden können.
Natürlich kann jedes Mitglied bei geocaching.com oder navicache.com auch per Email kontaktiert werden. Dazu muss man als Mitglied nur seine Emailadresse bei der Anmeldung angeben. Oft gibt es Fragen zu einzelnen Caches an andere Geocacher, die dann schnell per Mail gestellt werden können. Auch Hinweise sind so einfach und unkompliziert möglich. Die Emails und oft auch Webseiten sind in den Profilen hinterlegt. Bei den Emailadressen wird über den Seitenbetreiber der Kontakt hergestellt, um einen Missbrauch zu vermeiden.

## Treffen, Events

Um sich nicht nur per Internet, sondern auch im 'real life', also im wirklichen Leben, mal zu sehen, gibt es Geocaching-Treffen oder Stammtische für Geocacher. Diese wurden von besonders engagierten Geocachern ins Leben gerufen und finden meist regelmä-

ßig in größeren Städten statt. Die Treffen sind über die Diskussionsforen oder auch direkt in www.geocaching.com zu finden.
In besonders aktiven Geocacherkreisen werden öfter Events gestartet. Diese Events werden z.B. auf der Internetseite www.geocaching.com unter dem Event-Kalender zusammengefasst. Es kann auch gezielt nach Treffen oder Events gesucht werden.

*4. Berliner Meeting - Siegerehrung 1. Stadtmeister*

## Regionaltreffen

Als Beispiel sei hier das Berliner Geocaching-Treffen erwähnt, welches im Juni 2003 erstmals ins Leben gerufen wurde. Bei solch einem Treffen können sich die Geocacher der Region, und natürlich auch Gäste, untereinander austauschen und sich persönlich kennenlernen.
Zur Zeit findet bereits das 4. Berlin Geocache Meeting statt. Die Gemeinschaft besteht aus einer relativ lockeren Szene, wobei eine kleinere Gruppe sich um die Organisation kümmert.
Die Treffen finden immer in unterschiedlichen Ecken von Berlin statt und werden mit einem kleinen Event verbunden. Entweder

wird mal Müll gesammelt (Cache in Trash out), ein Cache gesucht (auch Nachtcaches), oder es wird einfach nur gegrillt. Die Organisation übernimmt jedes Mal ein Anderer.

*Auslosung zur 1. Stadtmeisterschaft*

**Stadtmeisterschaften**

Im Zuge der regionalen Treffen reifte irgendwann der Gedanke für einen Wettstreit zwischen verschiedenen Cachergruppen. Die Berliner Cachergemeinde rief also im April 2004 die 1. Stadtmeisterschaft ins Leben. Der vorrangige Sinn der Stadtmeisterschaft ist das Zusammentreffen von verschiedenen Geocachern aus unterschiedlichen Regionen, welche in einen gemeinsamen Wettstreit treten. Nach diesem Wettstreit wird ein Sieger erkoren, der die nächste Stadtmeisterschaft ausrichten soll. Zur Zeit sind folgende Spielregeln aktuell:

- ein Team = ein Auto
- mehrere Teams pro Stadt erlaubt
- Teams aus anderen Städten erhalten einen Zeitbonus beim Start
- gestartet wird nacheinander

- es gibt 3 Stationen (Microcaches, Aufgaben etc.), einen Endcache und einen Bonuscache
- gewertet wird Zeit, Fahrkilometer, Zeit zum Lösen von Aufgaben an den Stationen
- bei Wartezeiten stoppt die Zeit
- Dauer max. einen halben Tag

Die Gewinner der Stadtmeisterschaft erhalten einen Pokal, der als Travelbug angelegt ist. Die Stadtmeisterschaft soll jährlich ausgerichtet werden.

*Start frei zur ersten Runde*

## GeoCards

Ziemlich neu sind GeoCards. Geocards sind gestaltete Karten von Caches. Der Eigner eines Caches entwirft für den Cache eine Karte und trägt auch alle wichtigen Informationen zum Geocache dort ein. Dazu gehören der Name, die Koordinaten, der Eigner und der Schwierigkeitsgrad. Wer möchte, kann auch weitere Informationen unterbringen. Auf der Rückseiten kann man seiner Kreativität auch freien Lauf lassen. Informationen zu Geocaching, auf weitere Caches des Eigners, zum Eigner selbst oder einfach nur lustige Sachen können dort vertreten sein.

*GeoCard 'Die geheimnisvolle 8'*

Die Größe der GeoCard ist 7x11 Zentimeter. Die GeoCard wird in Farbe gedruckt und anschließend laminiert.
GeoCards sind manchmal in den Caches zu finden oder der Eigner sendet sie dem Geocacher zu. Manchmal werden GeoCards als Erstfinderurkunde mit persönlichem Namenszug übersandt. Die Entwicklung der GeoCards ist noch relativ jung, so dass Größe, Inhalt und Form abweichen können. Eine lustige Idee ist es allemal, und als Lesezeichen sind sie immer gut zu gebrauchen. Wenn die Entwicklung anhält, könnten sich auch Sammelleidenschaften herausbilden. Die GeoCard ist sozusagen die Visitenkarte des Geocaches.
Die GeoCard ist auch als Travelbuganhänger geeignet.

# Travelbugs - Reisekäfer?

## Was ist ein Travelbug?

Ein Travelbug (oder Travel-Bug) ist ein kleiner Gegenstand, welcher im Normalfall von Cache zu Cache wandert. Findet ein Geocacher einen Travelbug in einem Cache, nimmt er ihn für eine kurze Zeit an sich und versteckt ihn in einem seiner nächsten Caches. Dies kann auch sein eigener Cache sein. Der TB sollte innerhalb von 14 Tagen in einem neuen Cache sein. Travelbugs sind sehr beliebt und man findet sie nicht oft. Das liegt sicherlich auch daran, dass die Anhängerplaketten direkt aus den USA kommen und entsprechend teuer sind. In letzter Zeit sind jedoch vermehrt Bestellmöglichkeiten in Europa hinzugekommen. Es gibt bereits Online-Shops in Deutschland, welche die Plaketten zu Preisen zwischen 6 und 8 Euro anbieten. Damit lohnt sich auch ein Kauf von weniger als 10 Stück, da die Versandkosten nicht so zu Buche schlagen.

*Travelbug 'Berlin Pingi'*

## Travelbugs auf Reisen schicken

Einen Travelbug (kurz TB genannt) zu kreieren ist sehr einfach, wenn man einmal die Travelbug-Anhänger bzw. ID-Chips hat. Da als Travelbug wieder alles Mögliche und Unmögliche auf Reisen geschickt werden kann, Hauptsache es passt in die Caches, ist es dem Geocacher überlassen, seine Fantasie anzustrengen. In Caches taucht so einiges auf:

- Puppen, Figuren, Stofftiere
- Spielzeugautos, Flugzeuge, Boote
- alle möglichen Andenken
- Bilder mit und ohne Rahmen
- Schlüssel, Werkzeuge
- selbst Muttern und Schrauben
- Schmuck und Münzen (einfacher Art)
- Schlüsselanhänger, Ratschen
- Flaggen, Nationalkennzeichen
- kleine Radios, Taschenlampen
- Notizbücher, Schreibgeräte
- Kühlerfiguren, Autoschriftzeichen
- Sticker, Pins, Abzeichen
- Kitsch und Kunst
- Handys!, GPS-Geräte!!
- Socken!!! (wahrscheinlich ungetragen)
- Sonnenbrillen
- einlaminierte Dollarnoten

Diese Liste ließe sich beliebig fortsetzen ;-)
Wer mehr sehen will, schaut einfach unter geocaching.com nach. Da ist unter der Rubrik Travelbugs eine Galerie von Bugs. Anfang 2004 waren es etwa 15.000 bebilderte Bugs.
Nachdem der Travelbug mit dem Anhänger versehen wurde, wird er erst einmal fotografiert. Gute Nahaufnahmen helfen bei der Beschreibung und sehen einfach besser aus.
Der Travelbug wird nun anhand seiner ID, der eingestanzten Nummer, im Internet veröffentlicht. Dazu wird einfach die ID in das Kästchen der Travelbug-Seite eingegeben. Danach meldet sich das System mit einem noch nicht aktivierten Travelbug und fragt nach,

ob ein neuer Travelbug aktiviert werden soll. Bei der Aktivierung muss dann nur die ID und der auf der Tüte angegebene Code eingetippt und abgesandt werden. Nun gibt es für den Travelbug eine eigene Seite, auf dieser werden einige Daten, wie Ersteller (eigener Nickname), Name des Travelbugs (kann man sich ausdenken), Datum, Land, usw., abgefragt. Nachdem die Seite vollständig ausgefüllt und abgesandt wurde, kann man die Travelbug-Homepage besuchen und bei Bedarf auch Bilder hinzufügen. Um nun auch eines dieser Bilder beim Aufruf der Travelbug-Homepage anzeigen zu lassen, muss man noch einmal über den Edit-Button die Beschreibung ändern. Hier kann man jetzt auch das Bild angeben, welches sofort gezeigt werden soll, wenn die Travelbug-Homepage geöffnet wird. Man kann jederzeit die Seite des Travelbugs ändern und anpassen. Das gilt auch für die Bilder.

*Travelbug 'Berlin Flight' im Cache 'Riesel'*

Nun ist es soweit. Der Travelbug kann auf Reisen geschickt werden. Dazu muss man ihn in einem Cache, es kann auch der eigene sein, verstecken. Nachdem er dort ist, muss er im Internet auf der Cache-Seite geloggt werden. Dazu wird einfach beim normalen loggen der Button für den Travelbug (ganz unten) genutzt. Es

erscheint eine Auswahl der im Besitz befindlichen Travelbugs. Nur noch den richtigen angeben, und das war's. Nun beginnt die Reise oder sie geht weiter.
Einige Travelbugs sind schon sehr weit gereist. Auf der Travelbug-Homepage kann eine Karte mit der Reiseroute aufgerufen werden. Der Travelbug 'Berlin Flight' ist bis 2004 über 6000 Meilen weit gereist.

## Sonstiges

### Geocoins

Geocoins sind Münzen bzw. Medaillen, welche, ähnlich eines Travelbugs, von Cache zu Cache wandern sollen. Sie sollen der Geocache-Suche ein wenig den Stempel einer echten Schatzsuche aufdrücken. In den USA, Kanada und anderen Ländern sind bereits sehr viele Geocoins unterwegs und freuen sich auch unter Sammlern einer großen Beliebtheit.

*USA Geocoin*

Geocoins haben eine einmalige Nummer aufgedruckt und können auf verschiedenen Seiten geloggt werden. Es gibt Geocoins, welche direkt in www.geocaching.com geloggt werden können. Andere wiederum lassen sich nur auf speziellen Homepages von den Erstellern der Geocoins loggen und verfolgen.

Goecoins haben auch oft andere Namen oder sind auf bestimmte Regionen oder Länder bezogen:

- Traveler Tags (www.travelertags.com)
- Geo-Penny (mj.geocoin.net)
- Conejo Geocoin (www.denniscoins.com)
- California Geocoin (www.calif.geocoin.net)
- Moun10bike Geocoin (www.switchbacks.com/ gc_geocoins.html)
- TX Geocoins (www.txgeocoins.com)
- CA Geocoins (www.geocoins.ca)
- Green Man Geocoin (www.geocachetreasure.com)
- USA Geocoin (www.usageocoins.com)
- Geonickel (www.geonickel.com)
- CoGeo (www.cogeo.org)

Geocoins sind im Prinzip eine vereinfachte Variante des Travelbugs. Wer Geocoins findet, sollte sie auch loggen. Einfach mit einer Suchmaschine im Internet ein wenig forsten oder im Forum nachfragen. Man wird die richtigen Seiten schon finden.

*Geocoin Mon10Bike (Bild von Jon Stanley)*

Wie sich die Entwicklung der Geocoins in Deutschland fortsetzt, bleibt abzuwarten. Über kurz oder lang werden auch europäische Geocoins unterwegs sein. Geocaching entwickelt sich halt ;-)

## Funk bei der Cachesuche

Viele Geocacher benutzen zur Kommunikation auch Funkgeräte. Manche haben die Funkerei auch als ein weiteres Hobby.
Folgende Geräte sind für die Kommunikation unterwegs geeignet:

### Funktelefon

Das Handy ist weitverbreitet und wird sehr oft für Notfälle bereitgehalten. Der eine oder andere Geocacher holt sich per Handy auch schon mal den letzten entscheidenden Rat für die Cachesuche. Handys sind gebührenpflichtig und haben teilweise recht erhebliche Minutenpreise. Ob sich ein anderer Geocacher in der Nähe aufhält, lässt sich mit einem Handy nicht ermitteln.

### PMR

Am geeignetesten erscheinen die PMR-Geräte, welche auch eine ordentliche Leistung aufweisen und im Gelände etwas weiter reichen. PMR bedeutet Private Mobil Radio und die benutzten Frequenzen liegen zwischen 446.000 und 446.100 Mhz. Die Geräte sind anmelde- und gebührenfrei, soweit sie in Deutschland zugelassen sind. Die Benutzung von Exportgeräten ist in Deutschland nicht erlaubt, es sei denn, man hat eine Amateurfunklizenz. Die Benutzung ist nicht nur in Deutschland erlaubt. Informationen hierzu kann man bei der Europäischen Fernmeldebehörde unter www.ero.dk abrufen. PMR-Geräte haben eine maximale Sendeleistung von 500 mW ERP und erreichen damit im Gelände durchschnittlich 4 km Reichweite. An exponierten Stellen können auch 20 km erreicht werden, wenn eine Sichtverbindung besteht. Beim PMR-Funk werden 8 Kanäle benutzt, die festen Frequenzen zugeordnet sind. Der Kanal 2 hat sich quasi für den Austausch unter Geocachern etabliert. Man kann auch das Gerät laufend alle Kanäle scannen lassen, um zu erfahren, ob Funkverkehr herrscht. Durch den Einsatz von bestimmten Codes (Selektivruf, z.B.

CTCSS) kann auch eine Kommunikation ohne anderen störenden Funkverkehr durchgeführt werden. Hierbei wird ein Code zwischen zwei Teilnehmern vereinbart und eingestellt, und man wird nur belästigt, wenn dieser Code auch gesendet wird. Sonst bleibt das Gerät ruhig. Mithören kann jeder andere trotzdem. Die Preise von PMR-Geräten liegen zwischen 30 und 200 Euro. Die Geräte werden oft mit Mignonzellen betrieben und sind in einigen Ausführungen sehr gut outdoorgeeignet. Die Akkudauer kann bis zu 8 Stunden im Normalbetrieb betragen.

**LPD**

LPD bedeutet Low Power Devices und kam Mitte der Neunziger Jahre als anmelde- und gebührenfreies Handgerät auf den Markt. Es arbeitet im 70cm-Amateurband und hat die geringe Sendeleistung von 10 mW. Damit sind größere Reichweiten nicht möglich. Die Bedeutung von LPD ist gering und die Geräteauswahl nicht sehr groß. Oft sind PMR und LPD in sogenannten Twin-Geräten vereinigt und kosten nur einen geringen Mehrpreis gegenüber reinen PMR-Geräten. LPD-Geräte haben 69 Kanäle.

**Freenet**

Das Freenet-System arbeitet im Bereich 149 Mhz und hat 500 mW Sendeleistung. Die Geräte haben eine ähnliche Reichweite, wie PMR-Geräte, besitzen aber nur 3 Kanäle. Sie sind aber relativ verbreitet, da sich auch viele Funker ohne Lizenz im 2-Meter-Band aufhalten. Freenet ist eine rein deutsche Lösung und im Ausland nicht zugelassen.

**CB-Funk**

CB-Funk ist bereits seit den 70er Jahren etabliert und Geräte sind in ausreichender Anwendungsbreite verfügbar. CB-Funk hat jedoch einen relativ schlechten Ruf, so dass nur wenige Anwender neu hinzukommen. Die für Outdooraktivitäten notwendigen Handgeräte sind im CB-Funkbereich relativ groß und schwer. Die Antennen sind funktechnisch bedingt sehr lang, da im 27 MHz-Band gefunkt wird. Die Geräte müssen zugelassen sein und angemeldet werden. Die Qualität der Übertragung ist schlechter, als bei PMR-Geräten.

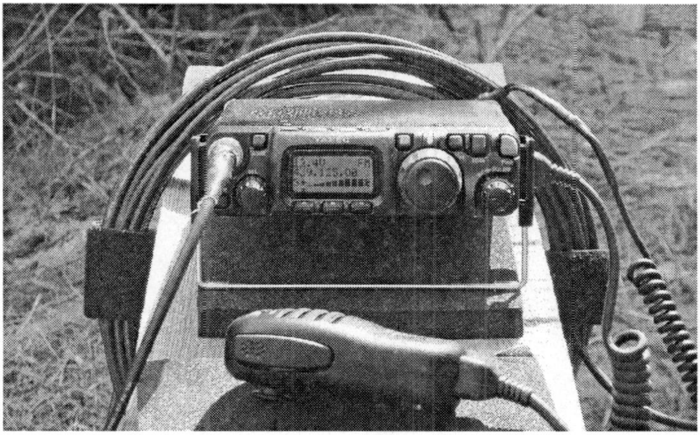

*Amateurfunkgerät bei der Cachesuche im Einsatz*

**Amateurfunk**

Im Amateurfunk kommen hauptsächlich Handfunkgeräte für 70 cm und 2m in Betracht. Für den Betrieb benötigt man eine Lizenz. Diese muss bei der RegTP erlangt werden. Als Amateurfunker kann man auch im FM-Funk größere Reichweiten erzielen, da höhere Sendeleistungen und andere Antennen benutzt werden dürfen. Ebenso besteht die Möglichkeit, eine Relaisstation zu benutzen. Relais stehen an exponierten Stellen, werden von Amateurfunkern betrieben und fungieren als Vermittler zwischen den Stationen, Handfunkgeräten oder mobilen Anlagen. Es wird hierbei ein Relais auf einer Sendefrequenz angefunkt, welches auf einer anderen Empfangsfrequenz mit einer höheren Leistung und einer besseren Antenne die Signale weitersendet. Am Gerät werden also unterschiedliche Empfangs- und Sendefrequenzen eingestellt. Mit dieser Technik kann man mühelos 10 bis 50 km überbrücken. Bei der Kopplung von Relais werden teilweise bis zu mehrere hundert Kilometer überbrückt. Eine Kommunikation über Amateurfunk kann man am Cache aber eher selten erleben. Mit einigen Funkgeräten kann man auch die PMR-, LPD- und Freenetbereiche scannen.

**Paperless Geocaching**

Es gab mal eine Zeit, da schwärmten alle vom papierlosen Büro. Das Gegenteil ist eingetreten. Beim Geocaching muss dies nicht der Fall sein. Einige Geocacher nutzen das Notebook auch bei der Cachesuche und sparen sich somit viele Papierausdrucke. Eine Halterung in Beifahrernähe ergibt sogar ein riesiges Navigationsgerät während der Fahrt. Mit einer Stromversorgung über den Zigarettenanzünder und einer Verbindung zum GPS-Gerät ergeben sich ungeahnte Möglichkeiten. Nicht nur die einfache Trackmöglichkeit, auch die unerschöpfliche Kapazität der Festplatten hinsichtlich Karten- und Informationsmaterial macht hier Pluspunkte.

*Notebookeinsatz (Bild von Balla & Silly)*

Die Cacheinformationen aus den Plattformen können einfach heruntergeladen werden. Die zusätzlichen Bilder und Hints werden ebenfalls auf die Festplatte gebannt.
Mit entsprechender Software ist die Cachesuche eventuell einfacher aber nicht spannender.
Auch die ladbaren Karten für die GPS-Geräte lassen sich so einfach mitführen und bei Bedarf auf das Gerät laden. Für den Urlaub

sicher eine gute Idee. Beachten sollte man allerdings das größere Diebstahlrisiko. Das Auto steht oft allein am Waldrand und außer Sichtweite vom Verkehr.
Das Notebook muss für die Belastungen ebenfalls geeignet sein. Harte Stöße können Festplatten beschädigen. Die Stromversorgung muss auf die stromhungrigen Netzteile der Notebooks ausgelegt sein. Hier sind vorher Auskünfte einzuholen oder vom Fachmann geeignete Anschlüsse anzubringen.

Zum Thema Paperless Geocaching haben Balla & Silly ihre Erfahrungen aufgeschrieben:

*"Als wir anfangs den Laptop mit zum Cachen genommen haben, habe ich als Beifahrerin das Teil während der Fahrt immer auf den Knien balanciert. Bei häufigen und auch längeren Fahrten wurde das auf Dauer jedoch lästig.*
*Balla hat dann aus Aluminium (4 L-Profile) eine Halterung gebastelt, welche mit Hilfe von zwei Aufnahmen im Handschuhfach eingehangen wird und auf der geöffneten Klappe aufliegt. Das Ganze ist drehbar gelagert, würde also bei einem Aufprall sofort nach vorne klappen. Trotzdem darf so eine Halterung nur bei älteren Wagenmodellen - ohne Airbag auf der Beifahrerseite - angebracht werden.*
*Für Laptops gibt es Kfz-Netzteile, die zumeist recht teuer sind. Sehr viel günstiger sind Wechselrichter (Transverter), die den Zweck ebenso erfüllen, da man damit ganz allgemein 230-V-Geräte an den Zigarettenanzünder anschließen kann. 100 Watt Leistung sind hier ausreichend.*
*Wie bei anderen Sachen auch ist der beste Diebstahlschutz natürlich der, dass das Gerät nicht sichtbar im Wagen bleibt. Also entweder Laptop und Halterung bei längerer Abwesenheit in den Kofferraum einschließen oder den Laptop mitnehmen. Bei kurzem Aufenthalt in 'sicherer' Gegend klappen wir den Laptop allerdings nur zu und decken ihn mit einer Karte oder Zeitung ab.*
*Bevor wir auf Cachetour fahren, werden die in Frage kommenden Caches rausgesucht und die Koordinaten in den Laptop eingegeben. Dabei nutzen wir das Programm 'Fugawi', das wir auch zuhause auf unseren PC's installiert haben. Teleatlas-Karten (Vektor-*

*karten) mit Straßenrouting helfen bei der groben Anfahrt, für die Feinheiten nutzen wir die TOP50- oder auch die TOP25-Karten der Landesvermessungsämter. Durch aktivierte Trackaufzeichnung sehen wir immer genau, wo wir uns gerade befinden und haben dadurch auch bei der Suche von 'Schleichwegen' zum Ziel bzw. zum optimalen Parkplatz wenig Probleme. Während Balla sich auf das Fahren konzentriert, arbeite ich mit dem Laptop und gebe die Richtungsanweisungen.*
*Außer Fugawi sind 'Quo Vadis' und 'OZI Explorer' noch zwei Programme für die Wiedergabe und Verarbeitung unterschiedlichster Kartenformate.*
*Gibt es vor Ort einmal Probleme mit dem Auffinden eines Caches und wird z.B. doch ein Spoilerfoto benötigt, gehen wir über Handy mit bluetooth-Schnittstelle kurz online und holen uns die nötige Info, sofern sie denn vorhanden ist. Das hat uns manchmal schon geholfen, einen Cache doch noch zu finden."*

Und nun viel Spaß beim Geocachen! Unter der Internetseite www.geocaching.de findet ihr immer die neuesten Informationen.

# Index

## Symbole



## A



## B

## C



## D



## E

## F



## G

## H



## I

## K



## L

## M



## N

## O



## P



## R

## S

## T



## U



## V

## W



## Z

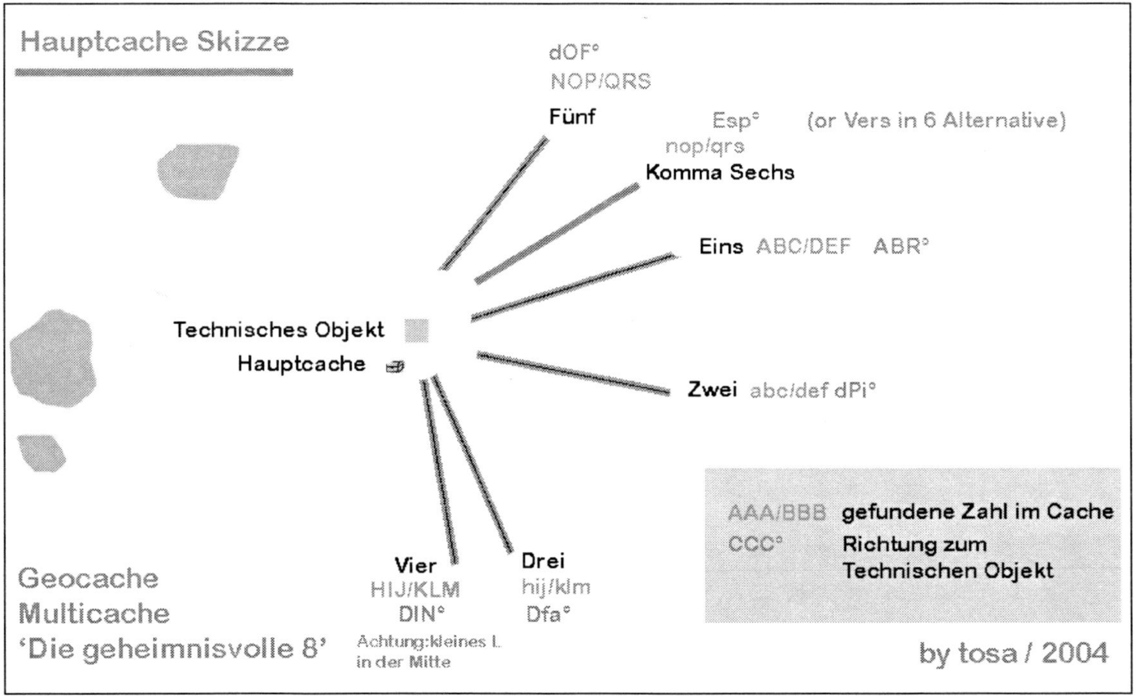
Hauptcache Skizze
dOF°
NOP/QRS
Fünf
Esp°
(or Vers in 6 Alternative)
nop/qrs
Komma Sechs
Eins ABC/DEF ABR°
Technisches Objekt
Hauptcache
Zwei abc/def dPi°
Vier
HIJ/KLM
DIN°
Achtung:kleines L
in der Mitte
Drei
hij/klm
Dfa°
AAA/BBB gefundene Zahl im Cache
CCC° Richtung zum Technischen Objekt
Geocache
Multicache
'Die geheimnisvolle 8'
by tosa / 2004

Ein weiteres Buch des Autors (ISBN 3831150109)